超越與自卑

WHAT LIFE SHOULD MEAN TO YOU

ALFRED ADLER

陪你走過生命幽谷
啟發動能的阿德勒勇氣心理學

阿爾弗雷德・阿德勒——著
吳勇立——譯

目錄
CONTENTS

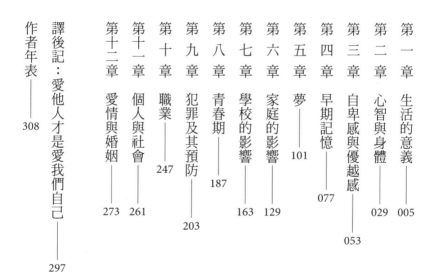

第一章

生活的意義

假如你對生活賦予意義後，
希望闖出一番事業、對他人有所奉獻，
並對這個目標充滿感情，
那必定會努力充實自己，
以最好的狀態投身於這項事業。

人類都是生活在意義的場域裡。

我們所經歷的事情並不是純粹客觀的，而是取決於它們對個人的意義。即便是經驗的源頭，也必須加上人類的意圖才有意義。「樹木」的意思是「樹木與人類的關係」；「石塊」的意思是「石頭可以成為人類生活的要素」。如果有人試圖逃避意義，而置身於封閉的環境之下，那麼他將會非常不幸。他會被其他人孤立，無論是對自己還是其他人，他的行動都沒有影響力。簡而言之，他所有的行動都會變得沒有意義。

沒有人能夠逃避意義。生活中的各項經歷，都有賴於我們賦予給它們的意義。因此，生活本身沒有意義，而是經由我們解釋才有價值。因此，這些意義從整體上來看還不夠精準、完整，有待我們去補充。換言之，意義的場域就是充滿各種錯誤的嘗試。

那麼，什麼是生活的意義？

這個問題難以回答，因為大多數人不願意費盡心力去思考它，更不要說構想答案了。確實，這個問題和人類的歷史一樣古老。在我們這個時代，年輕人（老年人也一樣）常常會失聲大叫：「什麼才是生活的目的？生活意味著什麼？」然而，人們只有在遭受挫敗後才會問這種問題。如果一切都順風順水，沒有任何艱難的考驗擺在面前，這樣的疑問永遠不會被提出來。每一個人在行動中總會遇到障礙，所以會產生疑惑，想找出答案。

聽其言、觀其行，就會發現每個人都有其「生活意義」，他的觀點、態度、動作、表情、舉止、抱負、習慣和性格都圍繞著它。他的一舉一動就像是在回應某種生活的觀點。在他的所有行動中，貫穿了一條隱形的線索，總結他對自己和這個世界的看法。他堅信：「我就是這麼一回事，世界萬物是那麼一回事。」這就是他賦予自己的意義，也是他賦予生活的意義。

有多少個人，就有多少種生活的意義，然而正如我們前面所提到的，每一種意義多少都包含了錯誤。沒有人擁有絕對的生活意義，任何一種意義都有其疏漏之處，落在完美與虛無兩個極端之間。有些意義提供了好答案、錯誤也比較少，有些只會令人走入歧途。好的意義總有些共性，差的意義有類似的缺失。這樣我們就可以得出一種科學的「生活意義」，得出普遍的衡量尺度，使我們在各種事務上面對現實。

再次提醒讀者，「真實」的意思是對於人類而言，包括人類的意圖和目的。除此之外，並沒有別樣的真理。即便有，也跟我們沒有關係，無從瞭解，所以是沒有意義的。

人生三大問題

每一個人身上都有三種主要紐帶，他必須好好思量。它們構成了他的現實世界。他所面臨的各種問題都落在其中。他必須持續不斷地找出答案，因為問題會源源不絕而來，而他給出的答案就能顯示出他的生活意義與觀念。

第一種紐帶：我們都生活在這個渺小的星球，離不開地球表面。在這樣的限制與條件之下，我們在居住的家園中謀求發展。不管是在靈魂深處還是肉身之上，都一樣要謀求發展，才能維持在大地上的生活，也只有這樣，人類這個生物的子嗣才能綿延不絕。每一個人都要面對這個問題，且必須索求答案，不能迴避。不管做什麼，我們的行動都是為了回應各自的生活處境：它們顯示了我們所認為的必然之物、適宜之事、可能之狀以及心儀之想。每一個回應無不受制於現實的限制，即：我們是人類的一分子，是寄居在這個星球上的生物。

人的身體有其弱點，生存的環境又不安全，為了自己的生活，為了全人類的福祉，我們千方百計地統整每個人的答案，找出具有遠見、卓識又條理分明的論點。就好比想解開數學難題，就得找到解方。當然，隨機抽取的方法或者連蒙帶猜是沒有用的，必須持之以恆地求解，動用所有的才能與手段。

我們不可能找到絕對完美、放之四海而皆準的答案，然而，至少必須竭盡全力地找到最好的解方。只要努力，總能找到更好的答案，而且它必然符合這個事實：我們被牢牢繫於這個星球，住在地球表面上，接受環境所帶給我們的便利和不便。

現在來看看第二條紐帶。你不是人類這個族群的唯一成員，周圍還有許多其他人，所以你的生活與他們有千絲萬縷的連結。就個人來說，既然你有不少弱點和局限，在孤立的狀態下，就不可能實現自己的目標。

若總是孤單一人，就不可能憑一己之力去解決生活的困難，結局便是自取滅亡。因此，我們總是和別人有連結，因為我們有各自的短處、不足和局限。為了實現自己的幸福，也為了成全人類的福祉，一定要跨出一大步，與他人一起合作。

因此，不管是面對那一種生活問題，都必須考慮到這一條紐帶以及這個事實：我們生活在一個相互連結的群體之中，倘若孤身一人就一定會自取滅亡。既然要生存下去，情感就必須有所調適，以配合人生中最重要的問題、意圖和目標：

在這個我們所寄居的星球上，與同伴攜手合作，來維持個人的生活，進而維護人類的生活。

接下來是維繫我們生命的第三條紐帶：性別。無論是要維持個人生活或群體生活，都必須考慮到這個事實。人類因為有兩種性別的存在而得以繁衍，個人與群體都由此而來。愛情和婚姻都隸屬於這第三條紐帶。每個男人和女人都無法逃避這個問題。他的做法就是他的回答，而方案有很多。人們的行動在在顯示出他們心裡的答案以及所形成的觀念。因此，這三條紐帶延伸出三個問題：尋找一項職業，以便在這個星球的自然環境與種種限制下存活；在夥伴中找到自己的位置，參與團隊合作，並共享合作帶來的益處；深深理解到人類分為兩性，而這個種族的存續和發展都有賴於愛情生活。

個體心理學家發現，生活中每一個問題都能歸類到這三大主要領域：職業、社交和兩性。每一個人對這三大問題的反應，都準確無誤地顯示出他對於生活意義的深度認知。舉個例子，某人的情感生活不美滿、工作不努力又沒有什麼朋友，還覺得與周邊的人相處很麻煩。由他生活的諸多局限與阻礙看來，他應該覺得，活在世上既辛苦又危險。他沒碰到什麼好機會，還遭遇各種挫敗。他活動範圍很狹隘，由此可知他的人生觀：「所謂生活的意義，就是保護自己不受傷害，把自己緊緊包裹起來，安心地逃避一切人際交流。」

相反地，另一個人的情感生活很甜蜜，和配偶關係親密、能合作完成很多事。他在工作上建樹很多，成就不凡；朋友也很多，人脈極其寬廣豐富。我們可以推斷，他會把生活理解成一種創造性的活動，充滿了各種機遇，不會出現無以挽回的損失和挫敗。他對生活中的所有問題，滿懷了正面應對的勇氣，由此可知，他應該深信：「所謂生活的意義，就是熱情地關懷夥伴。身為社會的一份子，我會將自己享有之物奉獻出來，以增進人類的福祉。」

錯誤的意義造成失敗的人生

「錯誤的」生活意義有哪些共同點，而「正確的」生活意義又有哪些標準，我們在此都看得一清二楚。精神官能症患者、精神病人、罪犯、酗酒者、問題少年、自殺者、心理變態者以及妓女……這些失敗者活得這麼痛苦，就是因為缺少「同氣連枝」的感覺，也沒有任何社交的興趣。在處理職業、友誼和兩性等議題時，他們沒有自信能與人互助去解決問題。他們賦予生活的只有個人意義，不管他們達成哪些成就和目標，沒人可以獲得益處。他們的興趣僅限於個人本身。他們把目標建立在自以為的個人優越感，所以其成功也只對自己有意義。

有殺人犯承認過，手中握有一瓶毒藥時感覺自己很強大，但顯然地，他們所認知的重要性只對自己有用。對於我們而言，握著一瓶毒藥的人並沒有超越於眾的價值。實際上，私人的意義就是沒有意義。意義只有在群體交流之中才可能存在：假如某個單詞的含義只對一個人有效，那麼它等於沒有意義。我們的目標和行動同樣如此，它們的意義就是在其他人眼中的重要性。每一個人都在努力要出人頭地，但往往會犯一個錯誤：他們沒有發現，這份成就的意義必須包括對他人生活的貢獻。

接下來講一則關於某個小型教派教主的軼事。有一天，這位教主把她的信眾叫到一塊，宣稱下個星期三就是世界末日。信眾們大為驚恐，紛紛變賣他們的財產，拋下了所有的世俗牽掛，在緊張的情緒中等候災難降臨。星期三過去了，什麼事也沒有發生。星期四他們便聚攏在一起請教主給個解釋。他們說：「看看我們現在的處境有多糟糕。我們拋棄了所有的財產。先前我們逢人便說，週三是世界末日，他們聽了只有嘲笑。但我們沒有氣餒，一再強調說，這個消息是從一位可靠又至高的先知那裡聽來的。現在星期三過去了，我們還是好好地活在世界上。」

那位女先知說：「我的星期三不是你們理解的星期三。」也就是說，她是用個人所理解的意義來應付眾人的質疑，以保護自己的權威。然而，這種意義根本經不起檢驗。

一切真正的「生活意義」都有標準，也就是說，它們都是人類共享的意義，所有人都能理解，都認可為合理的。能解決你個人生活問題的良方，應該能夠為他人掃清道路。我們總會有些共同的問題，也有成功的解決方式。天才也可以從「有用性」的尺度來定義：當眾人認定，某個人對社會有不凡的意義與用途，便會稱他是天才。從這種角度來看，「生活意義」就是向全體作出貢獻。

那些口頭說說的想法就不需要在意。不用聽人們怎麼說，只看實際的成就就好。有些人總能圓滿地解決人生問題，他們行動時，就像出於本能地完全意識到，生活的意義在於與人合作、對他人感興趣。他很想瞭解自己的夥伴，他所做的一切都由此出發。碰到困難的時候，他所採用的解決辦法，總會符合人類共同的福祉。

對於很多人來說，這是新的觀點，他們會懷疑，生活意義何必要造福人群，又為何要對他人感興趣、一同合作。他們會問：「如此一來，個人的得失又要置於何地？如果總是考慮其他人的立場、以對方的福祉為重，難道自己的利益不會受損？對於某些人來說，想要過得正常、充分發展自我，就應該先考慮自己，不必顧慮他人。學會維護自己的利益，彰顯自己的個性，才是第一要務。」我認為，這個看法大錯特錯，他們所提出的問題也不成立。

不斷奉獻才是真正的人生意義

假如你對生活賦予意義後，希望闖出一番事業、對他人有所奉獻，並對這個目標充滿感情，那必定會努力充實自己，以最好的狀態投身於這項事業。為了達成目標，他會調整自己，訓練自己的社會情緒（Social Feeling），也會從實踐中獲取技能。目標一旦確定，訓練機制就隨之啟動。於是，為了解決人生三大問題，他就開始積極準備，並培養自己的能力。

讓我們以愛情和婚姻為例。我們深愛另一半，努力想讓對方過得愉快而富足，理所當然便會竭盡所能、全力以赴。但有些人認為，人生無需設定奮鬥與奉獻的目標，讓個性憑空發展就好，但他們最終會變得任性而蠻橫，令人生厭。

我們還可以從另一條線索中得出這則啟示：不斷奉獻才是真正的人生意義。今天，若認真環顧一下祖先留給我們的遺產，能看到什麼？一切留存至今的東西，無一不是前人對人類生活的貢獻。除了開墾過的土地、鐵路和建築物，他們在生活各個領域交流，並得出種種成果，包括傳統文化、哲學、科學、藝術，以及諸多跟人類生存有關的技術。凡此種種，全都是先賢的傑作，他們為了人類的福祉而作出貢獻。相對地，也有一些人從來不參與合作，並帶著消極的人生意義，只會問「生活能給我什麼」。這些人怎樣過日子呢？他們身後沒有留下任何痕跡，不光是肉體消亡了，整個生命都是貧瘠的。

大地母親應該會對他們說：「人類不需要你。你不配擁有生命。你的努力以及制定的目標，你所珍視的價值，還有你個人的精神和靈魂，都沒有未來可言。你走得遠遠的吧！沒有誰需要你。你這樣的人就該被淘汰，徹底消失！」

那些人的生活意義不包含合作及貢獻，對於這些人，大地之母會宣判：「你是無用之人。沒有人需要你。你走吧！」在我們當代的文化現象之中，確實能發現許多不盡如人意之事。但凡有偏頗之處，就應當去改變它，這樣便更有機會促進人類的福祉。

一直以來，這個道理也不少人懂。他們明白，生命之意義在於關懷眾生的利益，所以也能發展出「社會興趣」（Social Interest）和對他人的關愛。在每個宗教中，我們都能發現這種救世濟民的情懷。回顧世界上所有偉大的文化運動，倡議者都是在努力提升社會福利，而宗教家更是致力於解救眾生。可惜的是，宗教常常被人誤解，唯有深入考察它們的基本目標與理念，才能看出它們有更多可能的貢獻。個體心理學的宗旨也是如此，只不過我們是透過科學方法來證明以及實踐。我相信，心理學已經向前邁出了一大步。在科學的幫助下，人們會更加關懷周邊的夥伴以及全人類的福祉，比起其他領域，如政治或宗教更有效。我們從不一樣的視角來處理這個問題，但是目標還是一致的，那就是為他人謀取更大的利益。

因此，生活意義可以是我們事業的守護神，也可能是惡鬼。既然如此，一定弄明白這些意義是怎樣形成的，以及彼此的不同之處。此外也要理解，我們所抱持的意義有嚴重的錯誤時，又該如何修正。以上的訓練非常重要，這是心理學的職分所在：解釋意義這個概念後並加以運用，以謀求人類的福祉，並努力影響人類的行為和命運。這些任務與生理學或生物學截然不同。

童年經歷對生活意義的影響

小孩子從出生的第一天開始，就開始在黑暗中探索「生命意義」。哪怕是襁褓中的嬰兒也會使勁地扭動身體，看看自己有多大的力量，還會設法感知周圍的環境中有哪些東西。孩子長到五周歲的時候，他的行為就會出現完整而既定的模式，包括處理問題和做事的風格。他腦海中形成了深刻而持久的觀念，知道能從這世界和自己身上獲得什麼。從這個時候開始，他就透過固定的「統覺基模」(scheme of apperception)來觀看世界：每一件事情在經歷之前，當事人已有一套解釋，而且總是符合我們對生活所賦予的原初意義。縱然有些意義錯得離譜，導致我們無法解決問題，並不斷給自己帶來不幸和痛苦，但我們難以捨棄這些意義。

想要修正生活意義的錯誤之處，只有從實際情況中反省，看那些誤解是怎麼出現的，並修改統覺基模。有些人採用錯誤的方式去生活，結果遇到困境，因此不得不去修正他的意義。他們成功地靠自己的力量糾錯，不過這些是特例。因此，人要麼面臨社會壓力，或者發現他老是將自己逼到山窮水盡，否則絕不會主動作出調整。在大多數情況下，只有一種人有辦法修正舊方法。他們受過良好的訓練，非常理解人生意義，能和當事人一起探索問題的源頭，並提出更為合適的意義。

在此提出一個簡單的例子，以說明童年時的境況有哪些不同的解讀方式。只要改變解釋的角度，就能從那些不愉快的經歷中得出截然相反的意義。

有種人在童年時期留下諸多不愉快的記憶，所以不願意談及過往，除非能從中得出對未來有益的良方。因此他會這麼想：「我們應當努力消滅這種不幸的現象，給後代子孫一個更好的環境。」第二種人會認為：「生活太不公平了。怎麼別的人都過得那麼快活？世人對我這麼無情，我憑什麼要善待其他人？」有些做父母的人講到自己的孩子時就是這般語氣：「我小時候受了那麼多苦都挺過來了。他們憑什麼過得那麼舒服？」第三種人會說：「我小時候那麼苦，我長大後所做的一切事情都應該被原諒。」

這三種人的行為模式以及對人生意義的解讀都非常清楚。他們不會改變自己的行為，除非改變對生活的理解。就這點來看，個體心理學突破了決定論的窠臼。無論你有哪種經歷，都不足以當作人生成敗的關鍵原因。我們內在經驗到的衝擊，即所謂的「心理創傷」（trauma），並不會帶來特別大的傷害。相反地，從這種體驗中，我們能萃取出有利於自己發展的元素。我們為自己的經驗賦予意義，以此方式決定自己的人生。規劃未來時，我們會以某些特定的經驗作為基礎，但總會包括某些錯誤。意義不是由外部狀況所決定的；相反地，是由我們來賦予它們意義，進而左右了自己的行動方向和選擇。

身體有缺陷的兒童

童年時代的某些處境會讓人得出錯誤的人生意義，而且錯得離譜。成年後絕大多數的挫敗感都可追溯到童年時的那些處境。首先，我們要討論身體有殘缺以及嬰幼兒時體弱多病的孩子。他們的身心負擔很重。對他們來說，很難體會到「生命的意義在於奉獻」。除非身旁有人能不斷開導他們，把他們的注意力從自身引開，進而更能夠關懷他人。不然，他們會把主要的心力都放在自己的各種感受。久而久之，他們會覺得沮喪又洩氣，深信自己比不上周邊的人。就算今日社會已很文明，但不管是同儕的同情、嘲笑或排擠，都會使這些孩子的自卑感加深。在這樣的環境下，他們養成了孤僻內向的性格，並深信自己不可能在大眾生活中扮演有用的角色，甚至於覺得整個世界都在羞辱自己。

我猜想，自己應該是開路先鋒，專門研究生理有缺陷或者內分泌失調的孩子所面臨的困擾。這個領域的進展異乎尋常，但是其發展方向我確實在難以苟同。從一開始，我就致力於尋找方法來克服這些癥結，而不是把失敗的責任歸咎於遺傳上的缺陷或者身體條件。生理缺陷絕不會讓當事人形成錯誤的生活習性。想想看，內分泌系統的作用力對每個孩子都不一樣，不過他們總是能克服困難，並且開發出獨特而有用的才能。

如此看來，個體心理學並不會為「優生學」搖旗吶喊。許多出類拔萃、為文化作出卓越貢獻的人物，都是有生理缺陷或是健康狀況欠佳，不少人還英年早逝。這批人不屈不撓，一方面克服身體方面的障礙，也勇於挑戰艱難的外部環境，才為人類帶來進步和新貢獻。在奮鬥中，他們成為強者，人生路走得更遠。僅從體質來看，外人難以判斷他們的心智會往哪個方向發展。絕大多數有生理缺陷或者有內分泌問題的小孩沒有接受過正確的訓練與引導，他們的困難沒人理解，只好把焦點都放在自己身上。因此，我們發現許多失敗的人在幼年時期都因生理缺陷而背負了重重壓力。

被寵壞的兒童

人們會對生活賦予錯誤的意義，而第二種情況就是小時候受到過分溺愛。被寵壞的孩子習慣使喚別人，希望對方把他的意願當作法令。他沒有作出任何努力就得到不該擁有的榮寵，甚至還心安理得地覺得，這是他生下來就該享有的。結果，當這個孩子來到新環境，發現眾人不再以他為焦點，不再時時刻刻考慮他的感受，他就會覺得不知所措，甚至認為世人辜負了他。他習慣了一味索取，而不知道付出。他從沒有學過應對問題的方法。周圍的人一直都順從他，於是他失去了自己的獨立性，不知道他可以為自己做點事。他的興趣和專注力都在自己身上，一點都不瞭解團隊合作的益處和必要性。碰到困難的時候，他只有一個辦法：要別人幫他解決。他覺得，只要能重新贏得眾人的寵愛，讓大家知道他有多麼特別，他想要什麼都是應得的；如此一來，凡事就會自動好轉。

這些從小驕縱的孩子長大成人後會成為社會中最危險的分子。當中有的人學會如何強烈表達訴求，但有的人會變得十分乖巧，以期獲得為所欲為的機會。但是他們不合群，在尋常事務上總是拒絕與人合作。有一些人的抗拒態度更加明顯。一旦他們發現，身邊的人不再如往常對自己奉迎討好和低眉順眼時，就會覺得被人出賣了。他們感到社會對自己充滿敵意，於是會想盡辦法加以報復。假如社會對他們的生活習性有所不滿（這是無庸置疑的必然結果），他們就會把這種敵意當作新證據，認為眾人是刻意要修理他。懲罰是沒有效果的，因為他們認定「所有人都跟我過不去」。被寵壞的孩子花招百出：鬧情緒、公然唱反調、不反省自己的缺點，還用暴力手段出氣，他們實際上都在犯一樣的錯誤。他們會在不同的場合用上這些方法，而目標只有一個。他們覺得，「所謂生活的意義，首先就是被大家當作最重要的人，並能得到想要的一切」。只要持續對生活賦予這種意義，那不管他們採用何種方法，都一定是錯誤的。

被冷落的兒童

第三種意義錯誤的情況，則是發生在被忽視的孩童身上。他們從來不知道愛和團隊合作是怎麼回事，因此他們所理解的人生意義不包括友誼的力量。可想而知，生活出現困難時，他們會高估事情的嚴重性，而沒有意識到，只要在他人的善意幫助下，就能克服難關。長久以來，他都覺得社會對他很冷漠，在他的印象中，世人永遠向他展現無情的一面。更嚴重的是，他沒有發現，其實自己能夠作出利他的舉動來贏得眾人的喜愛和尊敬。因此，他老是懷疑他人，也不信任自己。

在實際生活中，淡漠的感情最具有殺傷力。因此，母親的第一項任務就是引導孩子去體驗對他者的絕對信任感，接下來她就會把範圍擴大，最後讓孩子融入整個環境當中。如果母親的任務失敗，沒有喚起孩子的興趣、感情與合作精神，那麼孩子就很難發展出社會興趣以及夥伴情誼。每一個人都有關懷他人的能力，但是需要後天的培養和訓練，不然其發展就會夭折。

在極端的情況下，對於這種孩子來說，被忽視、被討厭、被嫌棄都是常態，他從來不知道何謂團結與合作。他孤僻又怕生，也沒有溝通能力，對於有助於與他人和諧共存的事物，更是徹底淡漠。正如前文所述，在這種環境下生活的人都不長命。一般來說，人只要活過嬰幼兒的階段，必定受過某種照顧和關懷。

因此，我們從未接觸過徹底被人忽視的孩子。但的確有不少孩子所受的關照比較少，或是有些特點被忽視，但其他方面還有被重視。簡而言之，被忽視的孩子還是有被關心過，只是尚未找到能夠完全信賴的他者。社會上有許多的失敗者是孤兒或私生子，從整體上來看，他們也可歸類為被忽視的兒童。對於我們的文明世界來說，這些現象有如沉重無比的批判。

從童年記憶中找出個人的糾結之處

以上這三種困境：生理缺陷、驕縱溺愛以及被忽視，就是清除錯誤生活意義的一大阻礙。那些人若想修正自己處理事情的方法，就一定要向外人求助，以學會更好的技巧。唯有出於真心關懷，並受過相關的訓練，我們才能培養洞察力，從他們的日常行為中看出意義。夢境和聯想力其實很有用。不管在現實或在夢中，人格都不會變，但是在夢中，來自社會的壓力減輕很多，自我防衛和隱瞞的機制也大為削弱，人格會暴露得更為徹底。

對於這些當事人，我們能給的最大幫助是什麼呢？就是回顧他兒童時期的經歷，以迅速瞭解他對自己和生活所賦予的意義。在他看來，那些記憶片段無論多麼瑣碎或雜亂，都是值得記取的，因為它們成為他所構劃的生活場景。這些記憶片段告訴他「這就是你想要的」、「這是你必須避開的」或者「這就是人生」。再次重申，經驗本身並不重要，除非它留在記憶庫當中，並且被當事人用來具體呈現生活的意義。於是，每一段記憶就都成了一件紀念物。

童年的早期記憶非常重要，由此我們可看出，當事人對於生活的獨特看法已持續多久，而當初又在哪些環境下，致使他形成那些生活態度。早期記憶有這麼顯著的意義，原因有二：

其一：當事人對自己和其處境的基本評估都包含在童年記憶裡。在當中，此人第一次以全貌登場，並呈現出還不夠完整的個人形象以及他對自己的要求。

其二：童年記憶是他主體世界的源頭，是他撰寫自傳的起點。而我們常在裡面發現一種落差，他一方面感到自己有其弱點與不足，但又想追求理想中的強大與安全感。就心理學的研究目的來說，就算當事人有所隱瞞，其實心裡藏著更早的回憶，也沒有關係。甚至他所描述的回憶不是基於真實事件也無妨。回憶的重要性就在於當事人所認定的價值與詮釋角度，以及它們對於當下和未來生活的關聯。

案例說明

以下舉幾個跟早期記憶有關的案例，來看看它們如何形成既定的「生活意義」。

「咖啡壺從桌上掉下來，害我燙傷了。真討厭！」有個小女孩的自傳是開始的。毫無意外的是，她的腦海裡交織著無助感以及各種不切實際的危險和困難。可想而知，她應該在心裡責怪人們不夠關心她，「居然粗心地讓小孩子暴露在危險的地方」。

另一個人的早期記憶也呈現出類似的世界觀：「我記得在三歲那年，我從嬰兒車上摔下來。」從此以後，這位學生不斷重複夢到世界末日來臨：「深夜裡，我發現天空被大火照得明亮而通紅。星星紛紛地墜落，地球即將與另一顆行星相撞，就在那短短的一刻，我驚醒了。」有人問這位學生，他是否特別害怕什麼事情，他回答說：「我害怕這一生無所作為。」

很顯然，這個早期記憶和反覆出現的夢境反映出他的挫敗感，令他更加畏懼失敗和災難。

有個十二歲的男孩被帶來問診，他的症狀是尿床，並且和母親衝突不斷。他談到自己的早期記憶時說：「媽媽以為我走失了，她慌得六神無主，跑到大街上拚命呼喊我的名字。其實那段時間我都藏在家中的櫥櫃裡。」這段記憶可以如此解讀：「所謂生活的意義，就在於製造麻煩來引起他人的注意。要獲得安全感，就得耍一些詐騙的小手段。只要有人冷落我，我就會愚弄他們。」

因此，尿床是一種有效的手段，讓自己成為別人關注和操勞的焦點，這就是他對生活意義的理解。而他的母親所表現出來的焦慮和不安，更加證明他是對的。而在前一則案例中，那位男孩也早就認定：外部世界充滿危險，只有其他人都在為他擔心的時候，他才是安全的。他感到踏實，因為他有所需求的時候，就會有人出來保護他。

有位三十五歲的婦女談到：「那時候我三歲，我走到地窖裡去。黑暗中我踩著樓梯往下走。正在這時候，比我稍大一點的表哥打開門，從我背後跟了過來。令我感到非常害怕。」從這則記憶我們可以推斷，她極有可能不習慣跟其他孩子玩耍，跟異性相處時更為不安。我們猜測她是獨生女。結果真是如此，而且她三十五歲了還未婚。

接著由這段早期回憶，可看出當事人的社會情緒發展較好：「我記得媽媽讓我推著嬰兒車，而妹妹就睡在裡面。」他似乎在暗示，只有和弱小的人在一起才有放鬆感，而他對母親應該還有些許的依賴感。嬰兒降生後，如果讓稍長的兄姊合力去照顧，那便能激發他們對新生兒的愛心。在父母的允許下，他們分擔照顧嬰幼兒的責任。想要讓孩子培養合作能力，這就是最好的方法了。習得這種能力後，就算父母全心照顧弟妹，他們也不會認為自己被冷落了。

有些人想要加入群體，但光是這個欲望，還不足以證明他們關心他人的利益。有次我們問及一個女孩的早期記憶，她說：「我那時和姊姊以及另外兩個女孩一起玩。」我們可以確定，這個孩子自小被教育要合群，但是當她說到自己最大的恐懼時，我們就更了解她為何朝這個方向努力。她說：「我非常害怕被撇下，只剩我一個人。」因此我們隱約看到她缺乏獨立性。

個性是可以改變的

只要發現並理解某人的生活意義，就能掌握他整個人格的核心。大家常說人的性格難以改變，但這是因為他們沒有找到對方的關鍵核心。如前所見，唯有發現錯誤的起源，相關的討論或治療才會有效。糾正錯誤只有一個辦法，那就是培養合作精神與更有勇氣的生活態度。團結合作是唯一的防護手段，能有效阻止精神官能症上身。

因此，訓練與鼓勵孩子多參與團隊合作，具有無與倫比的重要意義。孩子和同齡夥伴玩耍或參與任務時，應當請他找出適合自己的道路。任何破壞團隊合作的行為，都會引起嚴重的後果。比如說，被溺愛的孩子只關心自己，對他人缺少關愛，而他會帶著這些缺點去上學。一般情況下，他不會對功課感興趣，除非他認為自己有能力贏得老師的好感。當他認為事情對自己有利的時候，才會聽別人說話。當他一天天長大，接近成年之時，他在社交方面的缺失以及隱患會更加明顯。他自小犯錯時，沒有人教他培養責任心和獨立性，長大後，他不得不痛苦地面對這個事實：他的心智發展遠欠成熟，根本經不起生活中的任何一樁考驗。

我們不能把這些錯誤與責任全都歸到孩子的頭上。當他能意識到自己的行為後果時，我們才去幫他改正錯誤。從來沒有進過課堂的孩子，又怎麼能指望他在考試中取得好成績呢？同樣地，若孩子從來沒有受過團隊訓練也沒有合作精神，你又怎能指望他找出正確的辦法去完成相關的任務呢？其實，想要解決生活中各方面的問題，一定得先具備合作的能力。每一項任務都必須在社會的框架內才能完成，也必須有助於推動全人類的福祉。當我們明白生活的意義在於奉獻，才能滿懷勇氣與信心去面對困難、奮戰到底。

老師、家長和心理治療師應該都理解，設定生活意義時總會出錯，既然他們不會犯下同樣的錯誤，我們就能肯定地說，過去缺乏社會興趣的孩子，也能夠培養出感知力，去發掘自己的才華以及創造更好的未來。他們遇到困難與障礙時不會放棄，不會找一條省事的途徑，更不會臨陣逃避。他們不會推卸責任，也不會一味地想要別人特別關照他、對他特別好。他們不會動不動就感到被羞辱或冒犯，一心想著報復對方。他們不會問：「生活有什麼意義？社會能給我什麼？」而是會說：「我要實現自己的生活，這是每個人的使命。我有能力過得更好。我主宰自己的言行。我會採取新的行動，拋棄陋習。這樣的任務非我莫屬。」

以這樣的態度面對生活，就是有獨立性與合作精神的人。若人人如此，人類社會的前景將一片光明，進步無可限量。

第二章

心智與身體

有生理缺陷的孩子在生活中會遇到很多麻煩，
但比起那些先天正常的孩子，
前者的成就會更為出色。
障礙是刺激和動力，
能幫助人走得更遠。

究竟是心智掌控身體，還是身體宰制心智，是人們長久以來爭論不休的話題。哲學家也加入了這場戰局，各有立場和主張。當中有人自稱是唯心主義者，而有人是唯物主義者，他們各自拿出了數以千萬計的論證，然而問題還是沒有解決，依然在困擾著人類。個體心理學或許能提供一點幫助，因為我們能直接觀察到心智與身體的密切互動。要治療病人，就得關照他的心智和身體，治療方案若建立在錯誤的基礎上，就無法幫助到他。我們的理論是奠基於實務之上，也經得起檢驗。在這兩個層面的交織下，我們克服許多困難，才能找到正確的答案。

個體心理學家解決了這個問題的許多爭議點，因此它不再是刻板的「二分法」命題。心智和身體都是生命的體現，是整個存在的一環。根據我們的理解，這兩者具有建立在整體基礎上的互動關係。從本質來看，人是一種不斷在移動的生命，而不光只有身體在發育。不像植物這種生命，它根植於土地中，停留在某地不能移動。因此，植物沒有心智，或至少不是我們所能理解的任何一種心靈。如果有的話，那一定會非常令人訝異。即便植物能預見未來的發展，這種能力也毫無用處。或許它會想著：「有個人走過來了。一分鐘之後，他會踩到我頭上來，我會在他的腳下喪生嗎？」諸如此類的思考力對它有什麼好處？它依然不能挪動自己的根。

有移動力的生物都能夠預見或者估計自己移動的方向。光憑這個事實，我們就能假定牠們一定有心智或靈魂。

身心交互影響、相互合作

在《哈姆雷特》中，主角對他無所作為的母親說：「知覺，當然妳必定是有的，否則妳就不會有所行動。」

這種預判移動方向的能力，就是心智的核心工作。據此，我們立刻就可以理解到，首先由心智設定行動的目標，再以此來支配身體的活動。不過，心智不是漫無目的地發布行動指令，讓身體沒意義地活動，而是要有奮鬥的目標。既然心智的職能是設置移動的定點，那麼它的確在生命中佔據支配性的地位。

與此同時，身體也影響著心智，因為真正在移動的是身體。心智要想移動身體，前提是心智得配合身體的各種條件，而後者的各種能力是可以被訓練、開發出來的。舉例來說，心智絕對沒辦法指使身體移動到月球上，除非人類開發了關鍵的技術以突破身體的限制。（編注：本書出版於一九三一年，而阿姆斯壯登月在一九六九年。）

人類身體的活動方式既複雜又頻繁，其他物種都無法比擬，光看雙手能做出多少種精細的動作就知道了。而且，人類還有能力用行動改變其周圍環境。可想而知，人類會不斷開發並提升心智的預見能力。此外，我們還會向大家證明，自己是為了理想而奮鬥，並努力改善自己在整體環境中的處境。

不難發現，在每一特定的個人活動與其階段性目標背後，都有一個更全面的活動藍圖。我們付出那麼多努力，只為了求得一種安全感：克服難關，在周圍世界中找到自己的成就感和避風港。從這個目標來看，你一定會統整自己的各種活動和言談，讓它們形成一個整體；而為了實現終極的理想，心智也不得不成長。身體也是如此，它會努力發展成一個整體，而那是胚胎形成時就已存在的理型。比如說，皮膚一有破損，身體各細胞就會動員起來讓傷口癒合，恢復成它原先的整體樣貌。而且，身體在發展各種潛能時，並不是孤軍奮戰，心智會助它一臂之力。運動、訓練以及衛生習慣的價值已經獲得證實，在心智的規劃下，身體會朝著終極目標邁進。

從生命誕生的第一天起，一直到人生結束，身心的成長和發展就始終是相輔相成，從未中斷。身體和心智密切合作，對人這一整體而言，缺一不可。心智就像發動機，喚起它在身體裡發現的所有潛能，讓身體變得更穩定、更有能力克服各種困難。在身體的各種活動、表現以及症狀中，都可以看到心智的意圖和影響。人的身體活動必定隱含著某種意義。轉動眼睛、舌頭，抽動面部肌肉，就能做出有意義的表情。而意義是如何傳遞到面容上的呢？這個過程全靠心智完成。

現在我們可以開始討論心理學。這門心智科學到底要處理什麼問題？心理學家的任務就是研究每個人話語或文字裡的意義，從而找到他最核心的人生目標，並且與其他人的目標進行比對。

追求安全感就是一種終極目標。過程中，心智要面對許多迴避不了的任務，包括將目標變得具體。比如說，他要想到：「達到這個特定的方位點才安全，而且必須沿著那個特定的方向行進。」理所當然地，我們在這個階段很容易犯錯。不過，如果沒有明確的目標，沒有事先設定好方向，就不可能產生任何行動。

比如說，當我想舉起手，那心中一定有特定的意圖。在現實世界中，心靈所選擇的方向可能會帶來災難，但這只是因為它誤以為那是最有利的。所以說，心理問題都是選錯人生方向造成的。每個人都想追求安全感，只不過有些人弄錯方向了，在投入具體行動時越走越遠。

假如我們在觀察當事人的言行或症狀時，難以斷定其背後的含義，那最好的方法就是扼要地把它還原為純粹的活動。

就拿偷竊為例。偷竊就是把屬於別人的物品佔為己有。我們來分析一下此種行為的目的：擺脫貧困，而且佔有物變多時，會讓人更有安全感。因此，該活動的首要動機就是貧窮感、短缺感。接下來，就是要觀察這個人處於什麼樣的環境，以及造成他倍感赤貧的具體原因是什麼。最後我們就能判斷，此人是否選擇正常的道路去改變他處境下的種種條件，從而擺脫那種赤貧感。也許他的行動沒有保持在正確的方向，又或許他用錯方法去尋求安全感。他的終極目標並沒有錯，但仔細觀察就能發現，他實踐目標時走錯了路。

生活習性會左右人的心智發展

人類改變整體環境的成果就是「文化」，這是眾人的心智一同對身體下達行動指令。所有作品都是在心智的啟發下完成的。在心智的引導和協助下，身體才得以發育成長。總而言之，人類的各種表達都必定含有心智的意圖。

然而，我們也無需過度強調心智的作用。為了迎戰各種生活困難，身體的健康狀態是必需條件。心智的主要職責就是營造良好的環境，使身體免受病痛、死亡、傷害、事故以及生理機能失靈的折磨。我們的諸多能力，包括感知快樂和痛苦、想像力、辨識周圍情況等，其目的都在於此。透過諸般感知，身體會有所調整，以各種明確的應對方式來處理當下的情況。想像（phantasy）和辨識（identification）是兩種預判方式，它們能激發感覺，以配合身體所要採取的行動。透過如此方式，各種感覺就能加深意義的強度，無論是當事人賦予生活的意義，或者他所設下的奮鬥目標。

雖然感覺左右身體的反應，但它們跟身體的關係不是最密切的，而是取決於當事人所設定的目標以及相關的生活習性（style of life）。

大家都知道，人的生活不光是受習性所支配。在其他力量的推動下，生活態度才會浮出檯面。要付諸行動，就要加強生活態度的感覺。個體心理學的創見在於：我們觀察到，感覺絕不會與生活習性相矛盾。設立目標後，感覺總能夠自我調節，讓個人去適應當下的境況。因此，我們不再局限於生理學或生物學的觀點。我們無法用化學理論與實驗去解釋和預測感覺的出現。就個體心理學的基礎來看，我們必須先從生理學來看身體的反應，但是我們更感興趣的是人心裡所想的目標。焦慮如何影響交感神經或副交感神經，不是我們特別要關注的；我們要探討焦慮的源頭和目標。

經由這樣的分析討論，我們就知道焦慮不是性壓抑所造成的，也不是母親難產所帶來的後遺症。那種解釋根本行不通。我們知道，凡事習慣有母親陪伴、協助和關愛的孩子，也很容易有焦慮情緒。事實上，不論他有什麼煩惱，都能用這種情緒來控制他的母親。有些人會只用生理狀況來理解憤怒，但這種解釋不夠周全。經驗告訴我們，憤怒是控制他人或場面的手段。有些人認為，身體或心靈的各種表達形式都跟遺傳物質有關。這種觀點也沒有錯，然而我們關注的焦點在於，在追尋目標的過程中，這些物質因素會如何運作。這才是唯一的、真正的心理學方法。

我們發現，無論是誰，想要實現人生目標的話，其感覺朝哪個方向生成和發展、強度有多少，是非常關鍵的。人的焦慮、勇氣、歡喜或悲傷，都會符合他的生活習性，這些情緒的強度和影響力都是可以預期的。假設有人想過得比任何人都還悲慘，當他有所成就的時候，絕不可能有愉快和輕鬆的感覺；他只有在狼狽的處境下才會高興。我們還發現，感覺會根據人的需求出現或消失。有些患者非常害怕陌生環境，當他待在家裡，或者對他人發號施令的時候，就不會有焦慮感了。對於精神官能症的患者而言，唯有能滿足他強大控制欲的生活模式，他才能接受。

情緒基調（emotional tone）和生活習性一樣固定。比方說，膽小的人永遠膽小。雖然他和更弱小的人在一起會鋒芒畢露，有人保護時他會擺出勇敢無畏的樣子。雖然他嘴上說不怕，但他會在自家大門上安裝三把鎖，以及養狼狗、裝防盜器來加強防衛。沒有人能看穿他的焦慮感，但是他採取的繁瑣措施已足夠表明他的懦弱。

在兩性和愛情的領域中，我們也看到相似的事證。當你渴望接近有性吸引力的目標時，就會出現各種相關的感受。你專心一致，只要跟當前的目標有衝突、不能相容的任務和興趣，你都會剔除，並藉此喚醒了性的感覺和功能。諸如陽痿、早洩、性變態、性冷感等症狀，都是由於當事人沒有排除那些不相關的任務以及興趣。像這類異常的現象，都是由錯誤的優勝目標和生活習性所造成的。在這些病例中，我們總能看到共同的問題：他們期待別人對自己體貼，而不是自己先照顧對方。因此，他們缺乏社會情緒，也無法展開樂觀又有勇氣的行動。

案例：罪惡感也是一種優越感

我有個病人在家中排行第二，深深受到擺脫不掉的罪惡感所折磨。他的父親和哥哥都非常重視誠實的人格。該患者七歲時告訴老師，他獨立完成了一份家庭作業，然而事實上是他的哥哥代勞的。這份罪惡感他隱瞞了三年之久。最後他去找老師並坦承自己的舞弊行為，但老師只是一笑了之。

接著他淚眼汪汪地去找了父親，再次承認了錯誤。這一次他受到的待遇好一點。父親對他說真話的品德感到驕傲，稱讚又安慰了兒子。儘管父親原諒了他的錯誤，可是這孩子的思想包袱持續壓迫著他。他一心想要證明自己的完美無瑕和正直品格，所以為了這件小事不斷地自責。家裡的道德氛圍太濃，所以他一心只想成為完美而卓越的人。他覺得自己在成績和社交能力方面不及哥哥，於是想說，不如在一個被人忽視的領域裡表現得突出一點，從而獲取優越感。

後來，他又被其他的不良習慣所困擾，因而更加自責。他喜歡手淫，而且無法徹底戒除考試作弊的惡習。每逢考試，他的罪惡感就越來越重。內心壓力與日俱增，他開始記錄這類缺點和毛病。由於他的敏感特質，所以比他哥哥的心理負擔更重。這樣一來，不管他生活中有什麼挫敗，他都有現成的藉口可以推託。大學畢業後，他打算以技術類的工作為業，然而他的罪惡感依舊非常強烈。以至於他整日祈禱上帝原諒他，沒有花時間在工作上。

他的情況持續惡化，不得不送進精神病院治療，而且醫生都認為他的病無法治癒。過了一段時間，他的病情稍有好轉，出院前他提出請求，如果病情復發的話，希望院方能再度收留他。於是他轉換跑道開始研究藝術史。考試又快到了，在某個假日，他走進了一間教堂，大庭廣眾之下他撲倒在地大聲哭喊：「我是罪無可赦的人！」這一次他又成功地吸引了大家對他敏感特質的關注。

在精神病院裡接受一段時間的治療後，他回到了家。有一天中午他赤身裸體地去用餐。他的身材非常健美，在這一點他就不輸給哥哥或者其他人。

他的罪惡感是一種手段，使他顯得比其他人更誠實，他也藉此爭取到一種優越感。不過，他努力的方向錯了，對生活一點幫助也沒有。他逃避考試、工作，不斷釋放出懦弱、無能的訊號。他的精神症狀都表現在他害怕失敗，所以會有意識地抗拒各種行動。他在教堂倒地懺悔，甚至裸身走進餐廳，從這些聳人聽聞的舉動中，很明顯可以看出，其實他是用低劣的手段在追求優越感。他的生活習性會迫使自己這樣做，並激發出與之相應的感覺。

讓劣勢變成優勢

正如我們所見，人在四、五歲的時候會開始形塑並統一自己的心智，並建構它與身體的關係。他接收了遺傳等物質因素以及周邊環境的印象，並用來追求優越感。五歲之後，他的個性就結晶成形了。他的生活意義、所追尋的目標，還有他的生活風格和情緒傾向全都固定下來了。當然，它們後來還是可能有所改變，但可能性只有一種，那就是為了擺脫幼年時所形成的錯誤觀念。我們從小到大所獲得的生活印象與觀念都是高度相關的，在修正過後，我們所獲取的新印象也一定會與新觀念相融。

人總是透過自己的器官與外部環境接觸，並接收各種資訊。因此，只要觀察他人怎樣訓練自己的身體，就可以知道他準備從周邊環境吸收什麼樣的資訊，又會怎樣運用他的經驗。瞭解了這個人的視聽方式，知道什麼樣的事情能吸引他的注意，對他的瞭解就夠多了。因此，人的姿態非常重要，由此可看出，他是如何訓練自己的器官，以及在遴選外界資訊時如何使用它們。姿態總是被意義決定的。

現在我們可以給心理學增加一條定義，它是關於人如何處理身體所接收的資訊。這樣就可以看出不同的心智所造成的差別是何其巨大。身體不適應環境、無法應付外界的挑戰時，就會成為心智的負擔。因此，有生理缺陷的孩子在智力發展上會遇到許多障礙。

他們很難用心智去影響、驅動或發展身體的各項能力。想要穩定地達到目標，他們的心智就要付出更多的努力，專注力也必須高於常人。心智負擔加重後，人也會變得更加自我中心，甚至是自私自利。孩子長期受到生理缺陷、活動力不足等問題所困擾，就不可能關注自身以外的環境，也沒有時間去關注他人。等他長大成人後，社會情緒跟合作能力都會很差。

生理缺陷會導致很多障礙，而它們絕不是難以逃避的宿命。如果心智積極活動、善盡職分，努力自己訓練去克服重重障礙，那障礙者的成就一定不亞於那些沒有先天負擔的人。

有生理缺陷的孩子在生活中會遇到很多麻煩，但比起那些先天正常的孩子，前者的成就會更為出色。障礙是刺激和動力，能幫助人走得更遠。

比如說，有個男孩因視力很弱，所以身心承受異常的壓力。他看東西時非常費勁，想觀察外界的種種，就得付出更多的注意力，於是他特別關注突出的外型與鮮豔的色彩。久而久之，他累積了豐富的經驗，也更了解這可見的世界。他的能力遠遠超過一般的孩子，而後者能輕鬆地看東西，不用集中精力，就能辨識事物的差別。這樣看來，生理缺陷反倒成為很大的優勢，關鍵只在於，心智是否發現克服困難的正確途徑。

許多著名的畫家和詩人都受弱視所苦。但只要好好鍛鍊心智，就能克服這些缺陷。

最終，他們透過自己的眼睛實現了更多的理念，而那些視力正常的同行卻無力企及。同樣的補償效應也發生在左撇子的孩子身上。這種案例讓我們更瞭解特殊性的價值。

一開始，沒有人發現他們有這種特質。這些孩子不管在家或剛上學的時候，師長都會要求他們訓練自己笨拙的右手，於是他們寫字、畫畫和手工藝的表現都很差勁。但可想而知，一旦他們好好鍛鍊自己的心智，就能克服困難，透過笨拙的右手也能發展出高度的藝術才能。確實如此，沒有一點誇張。很多左撇子的孩子字寫得比一般孩子更好看，在製圖繪畫方面的天賦也更為突出，手工藝的技能更為嫻熟。他們把劣勢轉化成優勢，更加努力探索新方法、開發興趣、訓練和練習技能。

當孩子渴望為群體做出貢獻，興趣不再局限於自身範圍，才能成功地彌補並善用自己的缺陷。孩子若擺脫不了眼前的麻煩，就會耗盡心力，持續處於落後狀態。要想保持毅力與勇氣，只有一個辦法：制定奮鬥的目標，並充分體認到，為了實現這個目標、取得成果，種種相關的困難和障礙都不算什麼。

因此，孩子的偏好和關注點要找對方向。假如他們的奮鬥目標是外在的對象，自然而然就會調整自己、訓練自己以達成理想。困難對他們而言，就像是征途上等待著被攻克的要塞。反過來說，假如他們只在意自己的短處，又沒有別突破的想法，只想早點擺脫它們，那就不能真的有所進步。左撇子若顧慮重重，就會一心期盼自己的右手不要那麼笨拙，最好不要被人看出來。但是，想要訓練右手、讓它更為靈巧，就必須在生活中不斷練習。當然，目前的笨拙狀態一定會給孩子帶來挫折感，所以要多多激勵他，設法讓他留下更深刻的感受。如果孩子激起全部力量要克服困難，那麼他必定已有外在的行動目標，而且更加關注現實、他人以及合作關係。

我研究過一些腎功能不佳的患者與其家庭，結果發現一些很典型的遺傳病案例，而相關的應對方法很有啟發性。這種家庭的孩子很多都有尿床問題。的確，有些泌尿問題是出於生理上的缺陷，包括腎虛、膀胱病或者脊柱裂，而跟腰神經有關的疾病，可以從該區域皮膚上的痣或胎記上判斷出來。但是尿床這一症狀無法完全從器官的缺陷找到病因。孩子不完全受器官所主宰，而是以自己的方式支配它們。有些孩子在夜裡會尿床，但在白天卻不會。有時環境改變了，或父母的態度轉變了，尿床問題就突然消失。只要孩子不再誤以為那是生理缺陷的問題，就可以克服它，除非他的意志太過薄弱。

然而，許多孩子受到制約，不但無法克服尿床問題，症狀反而更加頑固。聰明的母親能給孩子適當的訓練，但平庸的母親只能任憑這種煩人的病症折磨孩子。孩子有腎臟或膀胱的問題的話，家人就會過度擔憂他泌尿方面的問題。母親會採用錯誤又嚴厲的方法去解決問題。孩子若注意到，大人亟欲矯正他尿床的問題，他就會抗拒。這樣一來，他反而得到絕好的機會來表達立場，以反抗父母的教養方式，繼續與之保持對立。孩子會抗拒父母所提的治療方案，並攻擊他們的弱點。

用生理問題來引起他人的注意

德國有位著名的社會學家研究過罪犯的家庭出身，令人驚訝的是，許多罪犯都來自負責打擊犯罪的家庭，包括法官、員警或者獄政人員。許多教師的孩子更是頑冥不靈，從我的執業經驗來看確實如此。而且，醫生的孩子更容易患有精神官能症，牧師的孩子也常變成不良少年；這兩者的比例高得驚人。同樣地，急著矯正尿床問題的父母就會發現，這是個清晰明確的目標，可用來展示他們對孩子的意志。

尿床是非常生動的範例，由此可知，平常我們做夢時會喚起哪些情感，以配合日常的意圖和行動。尿床的孩子常夢見自己已經起床，走進了廁所。這時，他們就找到了理由，可以心安理得地尿濕床墊了。他們想要吸引關注，讓對方服從自己，跟在白天時一樣，只是在夜裡的方法不同。有時，他們想反抗他人，所以用尿床來宣戰。無論從哪個角度來看，尿床都是創造性的表達方式，孩子在用他的膀胱說話，而不是用他的嘴發言。對他而言，生理問題就是表達觀點的手段。

用這種方式表達意志的孩子，長期處於緊張狀態下。他們大多被寵壞了，但在家裡又失去了中心地位。家裡添了弟弟妹妹後，他們覺得更難吸引母親的注意力。於是，透過尿床，他就能與母親保持親密的接觸關係，哪怕這種方式令人不快。他實際上在宣布：「我的成長沒有你想得那麼快，我還需要被照顧。」在不同的環境下，他們還會使用其他的生理問題來展現存在感。

他們會製造聲響來建立連結，比如整夜不停地大叫。有的孩子還會夢遊，做惡夢、從床上掉下來或者喊渴要水喝。這些表達方式的心理背景都很相似。他們會出現什麼症狀，一方面取決於器官狀況，一部分取決於外界對他的態度。

這些案例顯示出心智對身體所施加的重大影響。在各種的情況下，心智不單能影響身體出現哪些症狀，還能控制它的成長和發育。目前我們還沒有直接的證據能證明這個假說是正確的，其論證過程也非常困難。儘管如此，已有不少論據指出，如果孩子生性膽小，此個性一定會投射到整個成長過程。他不會在意自己身體發育的樣子，更準確地說，他不覺得自己能變得健康茁壯。想當然耳，他不可能用有效的方式來訓練肌肉，而外界的相關資訊，包括各種運動常識，他都一概排斥。其他孩子自然會接受這些資訊，並熱衷於訓練肌肉，他們會在健身道路上走得更遠，而這男孩興趣缺缺，身體素質就遠遠落後於他人。

從這樣的討論中，我們得出一個可靠的結論：身體的形態與發育都受到心智所影響，並會反映出心智的錯誤或缺陷。我們經常發現，身體的狀況都是心智問題所造成的；當事人找不到克服困難的解法，身體就出了問題。我們已確切知道，內分泌腺在五歲前就可能受到影響。腺體出問題的話，就無法對身體產生動力與影響力；另一方面，它們又受到外部環境持續不斷的影響，包括孩子所感興趣的資訊類型，以及在此範圍內的心智創造性活動。

心智對身體的影響力

關於心智的影響力，另一項證據我們更容易熟悉，也更能理解和接受，也就是從身體瞬間的反應而不是既定的狀況來觀察。每一種情緒多少都會在身體上反映出來。每個人都會透過他人可見的形式，包括姿容、態度來表現情緒。從他的表情或瑟瑟發抖的雙腿，我們就知道對方的心情，而器官的運作也會跟著受影響。

比如說，有人臉色突然漲紅或變得慘白，那其血液循環勢必有所改變。當你處於憤怒、焦慮、悲傷等情緒下，就會有相對應的肢體語言，而且每個人的展現方式都不同。有的人在害怕時會顫抖，有的人則毛髮倒豎或心跳加速。還有人會冒冷汗、不能呼吸、嗓音沙啞甚至全身癱軟。有時健康也會受到影響，比如缺乏食欲或感到噁心等。

有一些人的膀胱或性器官容易受到情緒所影響；很多孩子在參加考試時性器官會有所反應。眾所周知，犯罪分子在作案之後，常常會去妓院或情人那裡尋歡作樂。在科學上，有一些心理學家認為性和焦慮彼此相伴，而另一些專家則認為毫無相干。他們的觀點都是奠基於個人經驗，所以立場和觀點大不相同。

這些反應和行為都因人而異，可看作是遺傳因素使然。身體語言是種線索，可讓我們發現自身家族的缺點和特點。有些家人會做出跟我們極其相似的身體反應。有趣的是，我們可以從中觀察到，心智如何利用當事人的情緒來啟動身體反應。透過情緒與其連帶的身體反應，我們發現，心智會判斷現下為有利或有害，並做出正面或負面的反應。

例如，脾氣爆發時，我們會想儘快克服自己的不完美之處，而最好的辦法就是去打擊、指責或攻擊他人。這種憤怒的情緒會影響器官的運作，包括全身心地投入行動，或對自己施以額外的壓力。有些人憤怒時會感到胃痛，或臉漲得通紅。他們的血液循環改變了，頭痛也就發作了。我們發現，許多人偏頭痛或長年頭痛的原因，竟然是突如其來的憤怒或被羞辱。對某些人來說，憤怒的情緒會導致三叉神經痛，甚至突發癲癇或痙攣。

如今，我們還沒有一套全面的理論能說明身體受影響的途徑，但也許永遠也找不到。精神緊繃時，自律神經與非自律神經系統都會受到影響。人一緊張，自律神經系統馬上就會做出反應，比如拍桌子、咬嘴唇、撕碎紙片等。他得採取某些行動，如咬鉛筆或雪茄，以釋放緊張的情緒。由此我們看到他處於高壓下。正如我們身邊環繞著陌生人時，會漲紅臉、身體發抖或抽搐；這些反應都是心情緊張所致。在自律神經系統的作用下，這種緊張感傳達到全身上下，於是隨著情緒波動，身體會更加緊繃。

然而，身體不一定會時時洩漏緊張情緒；以上症狀都只出現在有具體結果的關鍵時刻。仔細觀察就會發現，身體的每一個部位都在參與情緒表達；這些活動都是心智和身體交流的結果。我們一定要探究這方面的知識，因為兩者協同運作才能組成完整的人。

身體特徵與個性沒有絕對的關係

從以上論證中，我們得出如下結論：生活習性和相應的情緒氣質（Emotional Disposition）會不斷影響身體的發育。孩子在早年生活習性就固定了，這個結論若沒錯，那只要我們詳細觀察就能發現，孩子在今後的生活中必然會有與之相應的身體語言。在勇敢的人身上，他的生活態度會影響到體格。他身體的成長會異於常人，肌肉組織會更強壯、體態會更穩健。人生態度對於身體發育的影響是多方面的，也多少促使肌肉組織更加發達。因此他的面容與表情與眾不同，到最後，整個外形也大不相同，就連骨骼組織都有可能受到影響。

在今天這個時代，很難否認意識對大腦的影響力。從病理學來看，人的左半腦如果受到損傷，就會失去讀寫能力，但是訓練腦子的其他部分，就有機會恢復這兩項能力。許多中風的病人無法治好其大腦的受損部分，然而完好的部分卻發揮了補償作用，喚醒了本來已喪失的功能，大腦的整體功能便再次恢復。透過這樣的事實，我們便能瞭解，個體心理學在教育領域的各方面都有實用性。

如果心智能對大腦施加這種影響力（大腦是心智最重要的工具，但此外別無作用），我們就能找到方法來開發並改善這件工具。每個人都有發展的權利，不需要終身維持出生時的大腦水準，我們總有方法能強化智力，以更適應大眾生活。

心智設定目標時若轉錯了方向，比方說不去開發團隊合作的能力，那它就不能對大腦的發育帶來良性的影響。由於這個原因，很多缺少合作能力的孩子走上人生道路時，就有智力以及理解力不足的問題。

成人各方面的氣質都會顯露出，他在四、五歲時建立起來的生活習性與其影響。我們能直觀地看到此人統覺基模所產生的結果，以及他對生活所賦予的意義。我們能發現他合作能力上的障礙，也能幫他矯正錯誤。個體心理學邁出了身心科學最早的步伐。

很多學者指出，心智活動和身體語言的關係從不間斷，但沒有人試著找出兩者連接的方式。德國精神科醫師克雷奇默（Ernst Kretschmer）列出了幾種身體類型，並指出相對應的精神類型。

比如說，有種人身材矮小、肥胖、圓臉、短鼻子。正如在莎士比亞的戲劇《凱撒大帝》中，凱撒說：「我要那些長得胖胖的、頭禿得光光的、夜裡睡得好好的人在我的左右。」

克雷奇默認為，這種體型的人一定會有某種精神特質，但是他沒有闡明這種連結的依據何在。依照我們的研究，這種人從外表看不出有任何生理缺陷，身體狀況能完全適應我們的文化。從生理上而言，他們和其他人都一樣自我感覺良好。他們對自己的能力有自信，面對挑戰絕不緊張，也自認為有勝算。他們認為，沒有必要把每個人當成敵人，也沒有必要把生活當成戰場，彷彿到處充滿危險。有一派心理學家稱這些人是外向型人格，但也沒有提出任何解釋。我也希望這些人的性格是外向的，看來其身體特徵沒有給他們帶來什麼困擾。

在克雷奇默的分類中，有一種人與上述的矮胖子完全相反，他們患有思覺失調症，表現幼稚，體型特徵則是異常的瘦長，橢圓的臉上有個大鼻子。他認為這種人很保守，常常自我反省。凱撒也提過這種類型的人：「卡西烏斯有一張消瘦憔悴的臉，他心思太多，這種人是危險的。」（編按：卡西烏斯即為刺殺凱撒的主謀。）

有這種生理缺陷的孩子在長大成人後會變得自私自利，思想更悲觀、而性格會更內向。他們習慣向人求助，一旦覺得他人對自己照顧不周，就會痛苦不堪，甚至懷疑人生。不過我們發現，還有許多人是屬於混合類型，克雷奇默也承認這一點，矮胖的人的心智也會出現某些特質，因而導致精神分裂。這很好理解，這些矮胖的人不斷承受沉重壓力的話，就會變得懦弱、失去勇氣。因此，只要採用一整套的壓制手段，孩子的言行就會像個思覺失調症患者一樣。

累積了豐富的閱歷後，我們就能統整某人各方面的表現，從而瞭解他的合作能力。人們一向都是在不知不覺中觀察對方的合作能力。生活有各種迫切的需求和壓力，所以我們得與人合作。為了更加適應這紛亂的生活，我們試著找尋線索，但只憑著直覺而缺乏科學方法。同樣地，經過歷史上許多重大的變革，人類打從心底了解到自我調整的必要性，也努力要達成這樣的目標，但這不能全建立在直覺上，否則錯誤就難以避免。

通常人們都不喜歡身形特徵過於誇張的人，包括樣貌醜陋或駝背，還會不知不覺地將他們判定為不宜合作的對象。這是很大的錯誤，他們是依據以往的經歷來判斷。他們應該找出良好的方法，試圖跟身形不佳的人多合作，而不是過度誇大對方的缺陷，讓他們成為大眾偏見的犧牲品。

心理學三大主題：生活習性、合作能力與生活意義

談到這裡，我們來歸納一下先前得出的要點。孩子到四、五歲時心智就已有一致的目標，心智和身體也建立起牢固的互動關係，穩定的生活習性於焉形成，並伴隨著相應的情緒和身體狀態。孩子在成長發育的過程中，或多或少都會與人合作，依此我們就可

判斷並理解這個人的團隊精神。在每個失敗案例中，合作能力差是最普遍的共同問題。

現在，我們就可以更明確地界定何謂心理學：它是一門科學，讓我們得以理解人為何會欠缺合作能力。既然心智是一個整體，而生活習性會滲透到它的全部活動中，因此人的情緒和思想一定會符合他的生活習性。有些人的情緒明顯與他本人的福祉背道而馳，並給自己帶來麻煩，但這時改變情緒也沒有用。情緒充分展現了個人的生活習性，唯有改變後者，前者才會消失不見。

因此，個體心理學提供了十分特殊的線索，有助於教育和治療領域的發展。我們的任務不該是專注於治療單一症狀或狀況，而是必須找出病人犯下的各種錯誤。有的錯誤是出於病人的整體生活習性，有時是病人對其生活經歷的詮釋有問題，還有人對生活賦予了錯誤的意義。另外，有些人透過身體接收外部環境的資訊後，會採取不適當的回應方式。找出這些問題，就是心理學的真正任務。

有些研究人員會用針刺小孩，觀察他的下意識反應，包括會跳多高、笑聲有多大。這種方法非常不好，但今天許多學者都司空見慣。確實，這些實驗能夠指出某些人的心智模式，但前提是它們能證明當事人固著而特定的生活習性。

生活習性才是心理學真正的研究主題和調查範圍。有些學派會選擇其他主題，但實際上他們從事的是生理學或生物學方面的研究。比如說，有些學者專門研究刺激和反應，有些學者在追蹤創傷與震撼經歷對個人的影響，還有學者在研究家族的秉賦，並看它們如何代代相傳。

在個體心理學中，我們研究的對象是精神和心智整體，檢驗每個人對世界和自己所賦予的意義。我們還檢驗他們的目標、奮鬥的方向以及處理生活問題的方式。若想理解人與人心理上的差異，目前最好方法莫過於檢視其合作能力。

第三章

自卑感與優越感

自卑感不是反常的心態，
從整體的角度來看，
它是人類所有進步的動因……
實際上在我看來，
所有的文化都是奠基於自卑感之上。

「自卑情結」（Inferiority Complex）是個體心理學最為重大的發現，如今全世界人都知道了這個術語。很多學派的心理學者吸收了這個概念，把它運用在自己的研究之中。然而我不確定他們是否真的理解它，更不確定他們在運用時是否掌握了正確的意義。

因此，我們不能光是告知病人他有自卑情結，這沒有絲毫的益處，只會強化他的自卑感。我們必須為他指明出路，並探究他的生活習性有哪些令人氣餒之處。我們得把握時機，在他缺乏勇氣時，適時地給他打氣。

每一個精神官能症患者都有自卑情結，所以我們無法用它來區別彼此的差異。事實上，他們的不同之處在於各自的困境，那給他們帶來無力感，進而無法展現生活的正面意義。此外，患者給自己設定的奮鬥目標和行動範圍也不同。因此，告訴患者他有自卑情結，也無法鼓勵他，就好像跟頭疼的人講：「我知道問題在哪？你頭疼！」這句話同樣不會有任何治癒效果。

很多精神官能症患者被問起是否感到自卑時，總是回答沒有，甚至會說：「正好相反。我清楚得很，我比周圍的人都優秀。」其實根本用不著去問，只要觀察他們的言行就夠了。依此，我們就能發現他們用什麼技巧來說服自己「我很重要」。

有些人外表很傲慢，我們不難猜到他們內心的感受：「別人老是忽視我的存在，所以我的舉止要像大人物才行。」有些人講話時手勢很誇張，可以猜測他的想法是：「若不特別強調，沒人會拿我的話當回事。」因此，如果有人舉止行為表現太突出，我們都有理由懷疑是自卑感在作祟。不光如此，他還會極力掩飾自己的短處。有的人覺得自己個頭太小，就會踮起腳來走路，以顯得高大一些。有時我們會看見兩個孩子在比身高：擔心自己較矮的那個孩子會使勁地伸展四肢，身體挺得筆直，竭力要讓自己看上去比實際上更高。若你去問他：「你是不是覺得自己太矮了？」我們千萬不要指望他會承認這個事實。

因此，有嚴重自卑感的人外表上不一定會恭順、安靜、自制或沒有攻擊性。

用錯誤的方式消除自卑感

自卑感的表現方式有成千上萬種。我舉個例子來說明。三兄弟第一次去參觀動物園，當他們來到獅子籠的時候，老大退到媽媽的裙子後面說：「我要回家。」老二站在原地不動，臉色慘白身體發抖，嘴裡卻說：「我一點也不怕。」老三緊盯著獅子，凝視了一會後問母親：「我可以朝牠吐口水嗎？」這三個孩子確實都出現自卑感，但其表達方式會順應各自的生活習性，所以顯得有所不同。

每個人的身上多少都有自卑感，一定會感到自己有很多地方需要改進。保持勇氣，就能化解自卑感，而方法只有一種，既直接又符合現實，也必定令人滿意：改善眼下的處境。

沒有人能長期忍受自卑感，他會感到有一股壓力在逼迫自己採取行動。想想看，有個人失去了生活的勇氣，不相信自己還能努力改善境況。可是他不能忍受這一切，還是想努力掙脫自卑感，而他嘗試的種種方法卻一點成效也沒有。他的目標很明確：「不向困難低頭」。然而他並沒有真的越過重重障礙，只是在自我催眠，或說沉醉在虛幻的自我優越感中。同時，他的自卑感還在累積，因為令他感到低下的處境沒有改變，而刺激的源頭依舊存在。他所採取的每一個步驟只會讓他繼續沉溺於自我欺騙的幻景中，原來的問題只會越滾越大，令他更難以承受。

光是觀察他們的言行，而沒有深入理解其想法，就會以為他們活得漫無目的。就外人看來，他們並沒有擬定計畫去改善自己的處境。表面上他們和大家一樣，都在努力追求某些滿足感，但其實他們早已放棄希望，不再想改變自己的客觀處境。他們在行動上陷入惡性循環。當他們感到自己弱小時，就換到一個新環境去，好讓自我感覺更強大。他們不打算好好訓練自己來提升自信，而是不斷自我催眠，以相信自己已經夠強了。

他們這樣愚弄自己，多少也有些實際的作用。面對難以應付的挑戰時，他們會以「在家稱王」的態度來突顯自己的重要性。這種心態就像吸食毒品一樣，而內心深處的自卑感依然不動如山。那些老問題還在，當事人仍然感到自己樣樣不如人。在他們精神生活的川流中，自卑感就像暗流一樣持續湧動。而這些就是自卑情結所牽涉到的問題。

用畫地自限的方式來滿足優越感

現在我們該界定一下自卑情結這個概念。面對難以解決的問題時，深信自己無能應付，這便是自卑情結。由此可以理解，自卑情結會表現為憤怒、悲傷和內疚。自卑感會引起緊張的情緒，接著以補償動作（compensatory movement）來製造優越感，但是這不能解決問題。因此，爭取優越感的各種嘗試，其實在生活中一點用處也沒有。真正的問題被擱置或被排除在外。接下來，自卑的個體會設法限制自己的行動範圍，投入更多精力來避免失敗，而不是積極走向成功之路。遇到困難時，他呈現出猶豫的樣子，不光是原地不動，甚至是向後退。

這樣的人生態度很容易發展成「懼曠症」。患者想傳遞這樣的資訊：「我不能走得太遠，不能離開熟悉的環境。生活中處處是危險，必須小心提防。」長期抱著這種態度，就會把自己監禁在斗室中，或者賴在床上不起來。遇到困難就想退縮，這種心態最極端的表現就是自殺。不論面對哪種生活問題，自殺者都沒有信心，他傳遞出來的訊息是：「我已無力改善自己的處境」。

為何自殺也是一種追求優越感的行為？仔細想想，其實當事人是用它來指責或報復某人。每當有人自殺，我們總能發現其身邊會有人將責任攬到自己身上。彷彿這個自殺者在說：「我是這個世界上最脆弱、最敏感的人，可你們卻以最冷酷的方式對待我。」

精神官能症患者多少也會限制自己的行動範圍，並縮小他與外界的接觸範圍。他試圖與人生三大必要問題保持距離，並把自己局限在狹小的空間裡，以管控所有的變數。他築起了密室，關上了大門，把他的生命跟陽光、柔風和新鮮空氣隔離開來。

至於他會不會欺凌更弱小的人，或者以抱怨的方式在自己的領地中獲得統治地位，就取決於他的自我訓練程度了：他會選擇對自己合適的手段，並能有效達到目的；對其中一種方式不滿意，就會選擇另一種。無論他選擇何種方式，其目的都一樣：避免艱苦的勞動、也無需改善自己的處境，就能獲得優越感。孩子氣餒時若發現，透過淚水便能獲得最大的利益，那他就會變成愛哭鬼，進而發育成為憂鬱的成人。

眼淚和哭訴是一種強大的武器，我稱為「淚水炮彈」，不但能干擾合作關係，還能用來使喚他人。這樣的人，還有那些扭扭捏捏、羞怯靦腆、懷有罪惡感的人，他們的自卑情結都溢於言表。他們很樂意承認自己的怯弱，連照顧好自己的能力都沒有。他們竭力想掩飾自己膨脹的優越感與企圖心，而且不惜一切代價，都要把別人踩在腳下。

另一方面，有些孩子喜歡自吹自擂，給人的第一印象是具有優越感，但只要仔細觀察他的行為而不是他的說詞，就能發現他不願意承認的自卑感。

所謂的伊底帕斯情結，實際上無非就是精神官能症患者「自我囚禁」的例子。他不敢去應對廣闊世界中的愛情問題，所以無法成功擺脫這一情結。可想而知，他的行動範圍只局限在家庭內，也於此構建自己的性觀念。由於這種不安全感，除了面對最熟悉的幾個人，他從來不會對外談到自己的興趣。他擔心，常常和外人相處的話，那麼他習以為常的優越地位就會蕩然無存。

伊底帕斯情結的受害者，大多是被母親寵壞的孩子們。身邊的人總會滿足他們的願望，所以他們也把這一切當成理所當然。他們從沒有獨自付出努力，從家人以外的他人身上爭取青睞和關愛。在長大成人之後，他們仍然被拴在母親的圍裙繫繩上。面對愛情時，他們不打算尋覓地位平等的伴侶，而是要找一個佣人，好好服侍他們，讓他們感到安心。顯然他們只是要找另一個母親。每個孩子都有機會變成伊底帕斯情結的患者。只需要母親寵溺他，不讓他對外界感興趣，再加上冷漠、無所用心的父親就夠了。

以上這些畫地為牢的舉動，就是精神官能症的各種症狀。跟口吃的人交談，就能看出他的遲疑態度。他還保留一絲社會情緒，還願意跟熟識的人接觸。但他對生活的無力感、恐懼感與戒心，削弱了他的社會情緒，於是他說話時總是猶豫不決。

學校裡成績後段的孩子、三四十歲還找不到工作或者避開婚嫁話題的男男女女、重複同樣動作的強迫症患者、煩惱工作而整夜難眠的失眠患者……這些人都顯然有自卑情結，也不願付出努力去解決生活問題。手淫、早洩、陽痿和性變態等症狀，都跟猶疑不定的生活習性有關，更因此在接近異性時會害怕低人一等。為什麼他們這麼害怕被瞧不起？答案不言自明。可想而知，這些人企圖高人一頭，給自己設定了過高的成功目標。

自卑感是人類進步的動力

我們說過，自卑感不是反常的心態。從整體的角度來看，自卑感是人類所有進步的動因。比如說，人們感到無知，想要預測未來的發展，於是科學就誕生了。為了改善全體的處境，人類不斷付出努力，才能更瞭解宇宙，並掌握大自然的變化。

實際上在我看來，所有的文化都是奠基於自卑感之上。想像一下，若有外星人觀察我們的星球，一定會得出這個結論：「人類建立這麼多個社會團體和機構，只為了保障生命安全。他們下了許多功夫，包括蓋房子來遮風擋雨、縫製衣服來蔽體取暖、修建道路來方便移動。很顯然地，他們認為自己是這個星球上最弱小的生物。」

從很多方面來說，人類確實是弱小的生物。我們不像獅子或大猩猩那樣強壯，獨自應付困難的能力也輸給許多動物。有些動物會群居生活，以彌補自己的缺陷和不足。但是人類的合作模式更為多樣而複雜，程度遠超過世界上的其他生物。嬰幼兒尤其脆弱，他們需要成人付出多年的時間來照看和保護。每個人都有極度幼弱的時候，而人類一脫離團體的合作關係，就只能聽任環境擺布。因此，孩子沒有受過合作方面的訓練，人生態度難免會變得悲觀，進而形成根深蒂固的自卑情結。

更何況，就算是最有合作精神的人，也得不斷面對紛至沓來的生活問題。沒有人會覺得自己已達成終極目標，能徹底主宰自己的人生，並獲得無上的優越感。生命太短促，身體也十分脆弱，而人生三大問題是如此廣泛，永遠都會有更豐富而完滿的答案。當然，我們總能找到解方，但不會留在原地，只滿足於當下的成就。在任何情況下，我們都不會停止奮鬥。只要與人合作，就能帶著希望與助力前進，一同改善全體的處境。

沒有人會憂心能否實現生命的最高目標。想像一下，個人或者全人類達到了至善的目標，面前不再有任何艱難險阻。在這樣的環境下，生活會變得非常乏味。一切都在預料之中，凡事都可以事先計算好；明天不會出現意外的機運，未來無可期盼。然而，生活中的樂趣恰恰來自非確定性。

假如我們無所不知，對什麼都了然於胸，那就不再需要討論和探索。科學沒有用武之地，宇宙不過就是一套老掉牙的故事。藝術和宗教本是想像的源頭，鼓舞著我們去追尋生命，若我們無所不知，它們將沒有任何意義。為了實現美好的未來，我們才會努力耕耘眼下的生活。人類不斷努力奮進，總能發現甚至構想出新的問題，以創造更多合作與奉獻的機會。

然而，精神官能症患者一出社會就困難重重，他的應對方法總是很粗糙，所以問題會更加難解。正常人面對諸多問題時，會設法提出更加完滿的答案，並朝著艱難險阻挺進，創造更多里程碑。他能為其他人做出貢獻，不會拖拖拉拉，更不會成為夥伴的累贅。他不需要也從不要求人家給他特殊待遇。他獨立自主、勇往直前，根據自己的社會經驗去解決問題。

每個人的具體情況不同，想追求的優越感便因人而異。每個人的目標都有其獨特性，取決於他對生活所賦予的意義。它們不僅僅是幾段文字，而是內建於他的生活習性中，就像他自己創作的特殊旋律。就生活習性來看，人不會直接陳述自己的目標，不像擬定行程表那樣清楚。他只會含含糊糊地暗示，而外人只能從這些線索中看出端倪。

想了解某人的生活習性，就如同領會詩人的作品一樣。詩人用語詞抒發胸臆，但是他所表述的內涵遠超過字面含義，大多要靠讀者去猜度，在字裡行間去解讀。生活習性同樣如此，它好比深奧又晦澀的作品。心理治療師必須學著在字裡行間裡讀出弦外之音，並辨析出當事人的生活意義。

除此之外，別無特例。生活的意義是在人四、五歲的時候形成的，但它不是像數學演算那樣的過程，而是在黑暗中摸索，在模糊中感受，抓住每一個線索，在跌跌撞撞中尋找合理的解釋。

追求優越感也是類似的過程，需要大量的摸索和猜測。生活的意義在於奮進不止，人生是動態的川流，不是圖表或地圖上不變的點。沒有人可以清晰且完整地描述自己要追求的優越感。有人知道自己的職涯目標是什麼，但是這只是他人生奮進的一小部分。制定了一個具體的目標後，還有千萬條通向這個目標的奮進之路供他選擇。

比方說，有人想成為醫生，然而這意味著有很多不同的功課需要去完成。不管他要成為內科醫師還是病理學專家，都會在行動中表現出對自己和他人的興趣。他得付出許多努力，才能訓練自己成為對夥伴有幫助的人，並以助人為樂。他以此來補償自己明確存在的自卑感。因此，從他在工作上或其他層面所表達的意見，都能看到那種自卑感以及補償性。

許多醫生在童年時就有接觸死亡的經歷。對此，他們留下深刻的印象，內心也產生不安全感。他們當中有些人兄弟或父母早逝，所以後來的人生歷練都朝向一個目標，那就是保護自己和他人的生命免受死亡威脅。

再舉個例子，有人的目標是當老師，不過老師的個性因人而異。有些人的社會情緒不高，他們之所以想當老師，是因為這樣能管教一批比他弱小的學生，以此得到優越感。只有面對那些更弱小、比他更缺乏閱歷的人，他才會有安全感。社會情緒高的老師會以平起平坐的態度對待學生，因為他真心實意地希望為人類的福祉做出貢獻。因此，每個老師的能力和理念都不同，重要的是在他們種種表現下，看出其真實的意圖。

用不同的策略實現人生目標

制定具體的目標後，就要縮減、限制自己的其他發展性，以配合該目標的需求。但是，他的整個人生目標還在，所以他會突破種種限制，找到機會表達他對生活所賦予的意義，包括他的終極理想以及想要追求的優越感。

因此，我們要深入底層才能瞭解一個人。人會用各種方式實現人生目標，比如設定某個具體的任務或選擇職業。

縱然如此，我們還是要尋找這些任務背後的連貫性，以及其人格的同一性。它們深深嵌在他的各種表達方式中。把一個不規則的三角形放置在不同的地點，就會呈現出不一樣的形態，不過如果仔細地看，就會發現它們都是同一個圖形。人生的總目標也是這樣：它的內涵不會因為任何一個表達方式而枯竭，我們應該能從所有相關的表達中認出它的原貌。我們絕不可能對某人說：「只要你做某事，你所追求的優越感就能實現了。」這方面的追求有許多彈性空間，所以對於健康、正常的人來說，在現實環境中一遇到挫折，就必能找到奮鬥的新契機。但對精神官能症患者來說，只要設定了既定的目標：「我一定要達成，不然就完了。」

因此，我們不該隨意設定明確的優越感目標。但在所有林林總總的目標中，我們都可發現一共同要素：嚮往成為神靈。有些孩子會大方地說：「我想變得像上帝那麼偉大。」很多哲學家持有同樣的理念，也有一些教育家想把孩子訓練得神通廣大。

在某些古老的宗教裡，就有如此明確的目標，信徒一心要把自己修煉得近乎神靈。這種「近乎於神」的理想以委婉的方式體現在「超人」理念中，我不需要舉出過多的旁證，只需提一下德國哲學家尼采致瑞典作家斯特林堡（August Strindberg）的信就能說明了。他在信中署名為「被釘死在十字架上的人」，這時候他已經瘋了。心神狂亂的人總會不加掩飾地表達他們所追求的優越感，正如聲稱「我是拿破崙」或「我是皇帝」。他們企圖成為全世界的焦點，希望四面八方的目光都凝聚到自己身上；最好有一台萬能的無線電，以便能聽到世上所有人的談話。他們還夢想有超自然的能力，以預知遙遠的未來。

相比之下，把自己修煉成近乎神靈還算是可理解的目標，畢竟許多人都想變得全知全能或長生不老。有些人渴望永久地保有在塵世的生命，有些人希望透過輪迴一次次地回到塵世，還有人期待前往不朽的世界。這些願景都如同想成為神靈一樣。依據宗教的教誨，上帝是不朽的存在，只有祂才能歷經時間的考驗，直到永遠。我無意在此討論這些觀念的對錯，它們都能用來理解生命並賦予意義。在某種程度上，我們都受到這些意義所掌控，想成為上帝或神靈。無神論者聲稱要征服、超越上帝，但這依然是在追求優越感，而且程度更強烈。

找到具體的優越感目標後，生活習性就不會再有什麼偏差。他的習慣、言行特徵都會全面配合他將準備達成的目標，令人無可指摘。因此，每個問題兒童、精神官能症患者、酒鬼、罪犯或性變態，為了實現自己所認定的優越感目標，會不斷做出「正確」的行動。外人很難指出這些言行有多不好，因為要達到那些目標，就必然會有如此表現。

比如，班上有個男孩非常懶散，老師問他：「為什麼你的功課這麼差勁？」他回答說：「我成績不好，你才肯在我身上下功夫。你不會關心好同學，因為他們不是拖油瓶，功課會自己寫好。」因此，吸引老師的注意力並加以控制就是他的目標，而他也找到最佳的手段。別想說服他改掉懶散的毛病，那一定會徒勞無功，因為懶散就是他實現目的的法寶。他的想法完全正確，改掉懶散行為反而對自己一點好處也沒有。

還有個男孩在家裡非常聽話，但是有點愚鈍、反應慢，在校成績和表現也不如人。他哥哥大他兩歲，但生活習性大不相同。後者聰明活躍，但是性格莽撞、時常闖禍。有天，某人無意中聽見弟弟對哥哥說：「我寧願像現在這樣愚鈍，也不願意像你那樣魯莽。」看來弟弟的生活目的是避免闖禍，那麼他的日常表現恰恰是聰明之舉。因為他一向愚鈍，別人就不會對他有太高的期待，即使他犯錯，也不會受到深責。由此看來，他表現得聰明伶俐才是不智之舉。

要改變舉止言行，就得先改變人生目標

時至今日，常規的治療還是只針對表面的症狀。個體心理學主張，這種態度無論在醫學還是在教育上都不可取。孩子的數學很差或在校表現不好，師長無需把精力集中在表面問題，也不用努力去改善這些症狀。也許他的目的就是要把老師攪擾得心神不寧，甚至想逃避上學，所以才表現得讓人反感。若我們在某處阻止他的目的，他很快就會找到新的造反途徑。

成年的精神官能患者也是如此。比方說，有個人患有偏頭痛的症狀，而發作時機對他來說非常有用，往往就在他最需要逃避的時候，頭就好巧不巧地痛了起來。以頭痛為藉口，就可以避開社交問題，只要他必須會見新客戶，或者需要做出新決定，頭痛就適時地發作了。同樣地，此病也有助於他在員工、妻子以及家人面前當個獨裁者。我們憑什麼期待他會放棄這個屢試不爽的法寶？從他的立場來看，他自己引發的疼痛是非常聰明的投資，能得到預期中的收益。毫無疑問，一跟他指明病因，他肯定會嚇一大跳，然後就頭痛就好了。

至於那些上戰場而導致精神官能症出現的患者，有時只要採用電擊治療，或者假要動手術，他們的病就全被嚇好了。現在的醫療環境應該能徹底治好這種病，雖然當初

是病人自己想要有這種症狀。然而，只要他的整體目標不變，縱然放棄一個症狀，也一定能找到其他的身體狀況。正如頭痛治好了，失眠或者其他新的疑難雜症又會接踵而至。只要他的目標沒有改變，他肯定會一直想辦法延續下去。

因此，有些精神官能症患者能以驚人速度擺脫掉現有的病症，然後沒有片刻遲疑，就患上了另一種新的病症。他們的演技十分精湛，並且戲路還在不斷在增加。如果他們讀到心理治療方面的專業書籍，就會學到更多精神疾病的樣貌，甚至會嘗試體驗看看。所以我們的必要工作只有兩件，一是找出病人生病的真正動機，二是研究此動機與當事人的優越感和人生目標的內在關係。

設想一下，我上課上到一半，請學生搬來一把梯子，接著爬了上去，在黑板的頂部蹲坐下來。台下同學都會想：「阿德勒博士一定瘋了。」他們無法理解梯子的用途，為什麼我要爬上去，還要坐在那個彆扭的位置。當他們想到：「他坐到黑板的上方是因為他身材比較矮小，有低人一等的感覺。只有自上而下俯視全班學生，他才有安全感。」這樣他們就不會認為我是瘋得不可救藥。

我採用了如此絕妙的辦法來達到這個具體的目的。梯子這個工具可對他人加深直觀的印象，我的計畫看來不錯，執行得很完滿，只有一點讓我顯得有點瘋狂，也就是我對優越感的理解。但假如我確信自己的具體目標選得很糟糕，那我就會改變行動。但是如果目標不變，我的梯子被搬走了，我會換成用椅子爬上去，如果又被搬走了，我還可以蹦高、攀爬，憑著肌肉使勁拉上去。

每一個精神官能症患者也是如此。他們所選擇的手段沒問題、無可指摘，因此我們能改善的只有他們的具體目標，如此一來，思考模式和態度也會隨之改變。他不再需要舊的習慣，新的生活態度會配上新目標一起出現。

案例：三個渴望受到關注的孩子

讓我再介紹一則病例，當事人是一位三十歲的女士，她患有焦慮症，無法結交朋友。她在工作問題上一直沒有進展，於是對她的家人形成不小的負擔。她只能打打零工，去給人做速記或者當祕書，雪上加霜的是，她的雇主不時對她示愛，嚇得她不得不辭職。有次她好不容易找到一份工作，那位雇主對她不那麼感興趣，卻使她倍感羞辱，於是再次辭職。她接受了多年的心理治療，大概整整有八年，卻無法改善她的社交能力，也無法幫她獲得一份掙錢過活的職業。

於是我開始治療她，為了追溯她的生活習性，所以請她回想她童年時期的最早記憶。理解某人如何度過童年時期，才能理解他長大後的經歷。她是家中最小的孩子，長得很漂亮，無疑也是受盡寵愛。那時家庭非常富裕，她只要提出要求，立刻就會被滿足。

「哦，」聽她這樣敘述的時候我說：「你享受的是公主般的待遇。」

「太奇怪了，」她回答道：「那時候所有人都管我叫小公主。」

我請她回顧她最早的記憶。

「我四歲的時候，」她說：「我記得有一次走出家門，看見有幾個孩子在玩遊戲。他們一個個上躥下跳，還大聲喊叫『巫婆來了』。我非常恐慌，回到家後，我問家裡那位年長的女幫傭說，是不是真的有巫婆來了。她說：『是的，世上有巫婆、小偷和強盜，他們都會跟著妳。』」

從這段敘述我們可以看到，她很害怕獨自待在屋裡，也把這種恐懼加進她的生活習性中。她覺得自己太脆弱不能離開家，家人也必須在各個方面支持她、照顧她。

另一則早期記憶是這樣的：「我的鋼琴老師是男的，有一天他突然要吻我。我停止練琴起身就走，把這件事告訴了母親。從那以後，我再也不想彈鋼琴了。」從這裡我們可看出，她在自己和男人間設下了巨大的圍籬，在性觀念的發展上是自我保護，而不是投入戀愛。她覺得戀愛很危險。我必須說明一下，很多人在戀愛時感到自己很脆弱，他們多少是對的。戀愛的人言行必須更加溫柔；對他人付出關心時，我們心情很容易受到擾動。有一種人會逃避愛情，不想跟伴侶相互依賴，因為他追求的是這種優越感：「我永遠不能做弱者，絕不能暴露自己的真實樣貌。」他們習慣遠離愛情，對感情的態度十分消極。他們一感到自己有陷入愛情的危險，就會開始嘲笑這種戀愛的氣氛。他們捉弄和戲耍令自己怦然心動的人，這樣就能擺脫掉那種脆弱的感覺。

這個女孩子一想到愛情和婚姻，內心就會非常脆弱。在職場上遇到有人示愛時，她反而有強烈不舒服的感覺，但實際上卻反應過度了。除了退避三舍她想不出別的辦法。她人生一直被這些問題所困擾，直到父母離世，家庭城堡已不復存在。她想辦法找幾個親戚來照顧自己，然而她對生活還是有許多不滿。

過了一陣子，她的親戚感到厭煩了，在她需要關照時，不再肯出手幫忙。她責罵他們，說大家都撇下她，只剩她孤零零一個人，非常危險。這樣抱怨後，她才避免了形單影隻的悲劇。我相信，如果她家人覺得麻煩而不願照顧她，她一定會瘋掉。她實現優越感的方法只有一種，那就是強迫家人關心她，幫她把一切困難、麻煩都擋在家門外。她在心裡一直保持這樣的觀念：

我不屬於這個世界，而是歸屬於另一個星球。在那裡我是個公主。這些可憐的地球人不瞭解我，也沒有發現到我的重要性。

這種情形只要再惡化，她就會發瘋。但只要她還掌握一些屬於自己的有限資源，還能得到家人或親友的幫助，就不至於走投無路。

再來看另一個案例，我們可清楚看到自卑和優越情結如何運作。一位十六歲的女孩來找我，她在六、七歲的時候開始偷竊，十二歲時就跟別的男孩在外邊過夜。兩歲那年，她的父母受夠了長期激烈的爭吵，最終離婚。她被判給了母親，並到外婆家住下來。外婆對她極盡疼愛。她出生時，父母間的爭吵達到頂峰，因此母親並不樂見她降生到世間。她從來沒有喜歡過女兒，母女之間一直處於緊張狀態。

這個女孩子來找我時，我以友好的態度跟她交談。她說：「我不喜歡偷東西，也不喜歡跟男孩子們廝混，但是我必須讓媽媽看到，她不能拿我怎麼樣。」「你那樣做是為了報復她？」我問。「我想是的。」她回答。她想證明自己比母親更厲害，她會有這個目標，只是因為感到自己太脆弱。她覺得母親不喜歡她，她飽受自卑情結所苦。「怎麼表現出自己的優勢呢？」她想來想去，也只有一條道可走，那就是幹壞事。因此，當孩子們行竊或從事其他少年犯罪活動時，通常都是為了報復。

再來我們看到，有個十五歲的女孩子消失了八天。人們找到她後，把她送到少年法庭。她編了一個故事，說她被一個男人綁架了，對方把她捆綁起來，關在一間屋子裡整整八天。

沒有人相信她的謊話。醫生試著近距離跟她對話，催促她說出真相。她非常生氣，醫生居然不相信她編的故事，於是打了對方一耳光。我見到她後，就問她將來想幹什麼，好讓她留下如此的印象：我只對她未來的歸宿感興趣，並想做些事情來幫助她。我請她描述一個做過的夢，她就笑了，接著說道：「我進了一家地下酒吧。走出來的時候，我碰見媽媽，很快地爸爸也跟過來了。我求媽媽把我藏起來，不讓爸爸發現我。」看來她很害怕父親，父女兩個矛盾很深。許多父親會懲罰女兒，她們出於懼怕，才不得不撒謊。

因此，碰到孩子說謊的案例時，一定要調查一下他們的父母是否很嚴厲。除非說實話會帶來危險，否則孩子沒有必要說謊。另一方面，這個女孩跟她的母親有某種合作的默契。接著她才告訴我，有人誘騙她走進一家地下酒吧，於是她在裡度過了八天。她害怕父親，所以不敢說出真相，但與此同時，她又渴望戰勝父親。長久以來，父親掌控一切，只有傷害他，她才有勝利者的感覺。

許多人在尋找優越感時誤入歧途，因此需要他人的解釋和說明。所有人都想追求優越感，這一點不難理解。只要設身處地著想，就能理解他們的各種嘗試。他們唯一犯下的錯誤在於，他們的力氣全用在對人生沒有幫助的地方。人類每一項創造活動的背後，都是出於對優越感的追求。我們能建設如此深遠的文化，源頭都在此。人類生活全都沿著這條偉大的行動之路發展，從下而上、從無到有、從失敗到勝利。

有些人在奮鬥過程中，不斷展現出「嘉惠他人」的渴望，也在這條路上走在前列。他們遇到困難時，都能勇敢去面對和克服。因此，以正確的方式與人交流，就有機會說服對方改弦易轍。

說到底，價值判斷和成功的人生都是以「合作」為基礎，這是最普遍、最管用的常識。教育、理想、人生目標、行動以及個性等方方面面，都是以合作為宗旨。事實上，我們也很難找到徹底喪失社會情緒的人。精神官能症患者和罪犯也都瞭解這個公開的祕密，所以他們會拿自己的痛苦經歷來為其生活習性辯護，還把責任拋給別人。他們提不起勇氣去開發生活中積極有用的一面。他們自卑地告訴自己：「你絕不可能與人合作成功。」一遇到實際的生活問題，他們便會轉頭而去；為了確立自己的強者意識，寧願躲到陰暗的角落去掙扎。

人類有各種勞動分工的領域，所以生活中有無數的具體目標。如同我們所見，每一個目標都有些錯誤之處，只要發現問題，就能加以修正。

每個孩子的優勢都不同，也許是數學、藝術或體育。消化功能不好的孩子會認為自己的主要問題跟營養有關，於是對食物的興趣就更高。他相信這樣就能改善自己健康狀況，於是他長大後便成為專業的廚師或營養師。

這些特定目標都是為了補償當事人的某些缺陷。為了實現它們，我們得捨棄生活其他的發展，並投入某些嚴格的訓練。可想而知，哲學家得放棄多采多姿的社交生活，才有思考和寫作的時間。不過，只要培養高度的社會情緒，追求優越感時就不會犯下太大的錯誤。而在各領域的卓越人士合作下，社會才能持續運作。

第四章

早期記憶

人一輩子會產生數以萬計的印象，
而能記住的，都伴隨著深刻的感受，
且對人生發生一定的影響。
因此，記憶就代表「我的生命故事」。

為獲取優越地位而努力奮鬥，才能形成完整的人格。因此，精神生活的各方面都會有這層考量。理解這一點，我們才更能瞭解他人的生活習性。要點有二。

其一，無論選擇哪個切入點，都有助於瞭解對方。透過任何一個外在表現，我們都能走向他的核心，看出他的唯一動機和主旋律，以及其基礎人格。其二，我們有無比豐富的材料能進行研究。每一個言詞、念頭、感受或姿態，都有利於深入了解當事人的內心。觀察某種表現方式時，如果太匆忙而得出錯誤的結論，那也不要緊，我們還有成千上萬的材料，可以加以比對、修正。因此我們得從整體來考察局部的表現，不然就很難判斷出各個外在表現的真正含義為何。

個人的舉手投足都在訴說同樣的事情，都在敦促我們去解決問題。我們就像考古學家一樣，努力挖掘出陶器和石器的碎片、古建築的斷壁遺跡、破損的紀念碑以及莎草紙，並去推想已消失的古代城市的整體面貌。但我們現在要處理的不是某種消失的東西，而是活生生的、內在有各種屬性的人。而且對方透過各種表現，不斷流瀉出其本有的意義。

理解他人殊非易事。在所有心理學的分支中，個體心理學的理論和實踐最難，一定要以整體的角度來觀察細部，並保持懷疑態度，直到答案清晰自明。還必須從成千上萬個蛛絲馬跡中彙集有用的線索，包括對方走進房間的儀態、打招呼和握手的方式還有微笑和走路的樣子。

我們當然會判斷錯誤，但只要再收集其他的材料就能補正，並在最後得出正確的結論。在治療過程中，我們會訓練當事人的合作能力，或檢驗他的合作精神。想成功治好他，一定得真切地關注對方。我們必須學會用他的眼睛看世界，用他的耳朵去聆聽。他必須全神貫注，跟我們一起建立共識，弄清楚他的人生態度以及所遭遇的困難。即便我們自認已理解他了，也不能證實我們沒錯，除非他自己已有所體悟。

不圓滿的真相就不是事實的全貌，那代表我們的理解還不夠充分。很多學派在這一點上有所誤解，從而推出「負向和正向移情」的概念，而且它跟個體心理學的治療方式有所衝突。有些病人習慣被吹捧，所以要獲得他的好感不難。但他把控制欲壓抑在心裡，若你怠慢、忽視他，就很容易引他的敵意，他便會中斷治療。即使他勉強撐下去，也只是為了證明自己的韌性，好讓我們後悔。因此，無論是吹捧或怠慢他，都對他沒有幫助。我們應當向他展現出友伴間的關心，這是最為真實客觀的情誼。我們應當跟他聯手，一同探索他的問題，這樣做既是為他好，對旁人也有好處。懷著這樣的目標，許多相關的風險就會遠離我們，治療者就不會激發病人的「移情效應」，或假裝自己是某種權威，讓病人更加依賴且不能為自己的人生負責。

你記住的事情取決於你的回憶

在所有的心理活動中，最有啟發性的就是早期記憶。記憶是人隨身攜帶的提示器，不斷地提醒自己有什麼局限，以及周邊環境的意義。世界上不存在「隨機隨選的記憶」。我們一輩子產生了數以萬計的印象，而能夠記住的，都伴隨著深刻的感受，且對人生發生一定的影響，儘管有時是負面的記憶。因此，記憶就代表「我的生命故事」，並不斷地重複播放。故事裡的經歷包含各種經過測試的行動，要麼在警示他，或在安慰他，或要他專注於當前的目標，或要他做好準備去迎接未來。

記憶的用處就是「編列」平日舉止中常有的情緒。當我們受到挫折，或者精神上受到打擊，就立刻會喚起先前的失敗情景。悲傷時，就會想起難過的往事；感到興奮、勇敢無畏時，就會出現熱血的記憶；若回憶起歡樂的事情，就代表現在感到樂觀。同樣地，遇到困難時，就會召喚記憶來醞釀奮鬥的心情。因此記憶和夢境的作用大抵相同。

很多人在做出重大決定的前夜，會夢見自己成功通過了考試。他們將此過程視為一場測驗，並努力重建取得高分的那種精神狀態。在個人生活習性中，會激起各種心情的事物，也會影響其心情的總體結構和平衡。憂鬱症患者若能回想起美好和成功的時光，狀況就會好轉。但他平日一定常常對自己說：「我這一生真是不幸。」於是他腦海中所選擇的畫面，都是用來證明自己的命運有多麼不幸。記憶不可能跟自己的生活習性天差地遠。有些人所追求的優越感會令他們覺得「別人總是在羞辱我」，因此會刻意記取自己視為不堪的事情。如果他的生活習性有了變化，記憶也會隨之改變，他會想起不同的事件，或用不同的角度去詮釋往事。

早期記憶有非常特別的意義。

首先，它們呈現出個人生活習性的起源和基本樣式。從早期記憶裡，我們可判斷孩子受到父母溺愛或忽視的程度，社交能力的訓練有多高，他喜歡跟誰共處、面臨哪些困難又怎樣設法解決。

孩子視力不佳的話，就會訓練自己去看清事物，在他的早期記憶中，我們就能發現跟視覺有關的印象。他會如此回憶道「我觀看四周……」，並描述色彩和形狀。有些孩子運動神經不好，但又熱愛行走、奔跑或跳躍，那他就會記得自己是如何訓練體能。孩提時代的記憶總是和他往後的興趣十分貼近，因此，瞭解某人的興趣，就能猜測他的生活目標和習性。早期記憶在個人的職業選擇上有不同凡響的價值。

當然，我們從中還可以發現孩子跟他母親、父親以及跟其他家庭成員的關係。早期記憶準確與否其實無關緊要，因為它最大的價值在於，由此可看出他的人生觀，比如「小時候我就是這樣的人，現在還是」，或「小時候我就發現世界是這個樣子」。

最具啟發性的，便是開展故事的方式，也就是我們能回憶起來的最早事件。它顯示了每個人的基本生活觀念；人生態度也首次具體呈現出來。據此，我們才得以一眼看出此人在成長發展中所選擇的起點。

詢問過患者的早期記憶，我才會開始研究他的個性。有時他回答不出來，或聲稱自己忘記事情的發生順序，但這已能顯示他的問題所在。我們可以推測，他不想討論那些事情的基本意義，也沒有打算跟治療師合作。

人們通常很樂意討論自己的最早記憶，但只是當成一般的事實，而沒有意識到其背後隱藏的意義。很少有人能理解早期記憶的深意，所以大家能以中性且不尷尬的態度，說出自己從小到大的生活目標、人際關係以及對周邊環境的看法。早期記憶的另一個有趣之處在於，它是高度濃縮且簡化的場景，所以我們能用它來進行大規模的研究。比方說請某個班級的孩子寫下最早的回憶，並加以分析，那麼就能可靠地描繪出每個孩子的樣貌。

從片段回憶來判斷對方的個性與經歷

為了說明清楚，讓我舉幾個早期記憶的例子，並加以詮釋。關於這些當事人，我只知道他們講述的早期記憶，而他們本人的情況我一無所知，我甚至不知道他們是孩子還是成人。一般來說，從他們的早期記憶整理出意義後，必須再以他們個性的其他表現來驗證，不過當作分析與強化推論的練習也不錯。我們的辨識力會變好，也能比對各段記憶的差別。更重要的是，我們應看出當事人是否有合作與自我訓練的意願，或者堅持不肯配合；他的生活態度是積極或充滿挫折感。我們還可能看到當事人是希望得到幫助、關注，或渴望獨立自主、不假外求；他是否願意付出，還是急著要他人施捨什麼。

案例一：把妹妹當成敵人

「因為我的妹妹……」在早期記憶中出現的人物非常重要。既然當事人提到了，我們便能有把握地說，妹妹對他的影響應該很大。在孩子的成長道路上，弟弟和妹妹彷彿一道陰影。通常來說，兄弟姊妹間有種對抗關係，彷彿兩人是競爭對手；這種關係會阻礙孩子的成長與發展。孩子若滿腦子都是競爭意識，就不能對其他人感興趣，更不可能建立友好的合作關係。不過我們不能倉促下結論，這兩個孩子也許感情不錯。

「妹妹和我是家中最小的孩子，父母不允許我出門，要等到妹妹長大才行。」此刻敵對關係已經很明顯了：「妹妹妨礙我的生活！她年齡小，我等她長大才能出門。她嚴重影響我人生的發展！」這應該就是此記憶的真實含義，我們猜測，當事人的感受是：「只要有人限制我的活動，阻礙我的發展，他就是我一生中最大的敵人。」當事人應該是女孩子。父母通常不會阻止男孩子出門，不管妹妹是否到了上學年齡；生活中不太可能發生這種事情。

「於是，我們在同一天開始上學。」從當事人的角度來看，這實在不是最佳的教育途徑。她可能會留下這樣的印象：「我比較年長，所以必須停下來等妹妹。」無論如何，這個特別的女孩子都用這種角度來看待童年。她覺得自己受到怠慢，而妹妹受到偏愛。她埋怨這種不平等的待遇，而應被指責的人可能是她的母親。可想而知，她會比較喜歡父親，並想方設法得到他的愛。

「我記得很清楚，上學的第一天，母親到處跟人說她多麼孤單。她說：『那天下午，我好幾次跑到家門外，看看女兒們回來沒有。我好擔心她們不回來。』」這是女兒對母親的描述，其舉動看來不是很聰明。「擔心她們不回來」，看來母親非常疼孩子，孩子們也知道這一點，但與此同時，母親又充滿焦慮和緊張的情緒。如果我們有機會跟那位女孩對話，她一定會告訴我們更多的細節，特別是母親偏愛妹妹。

這種偏愛並不令人感到驚訝，因為最小的孩子總是最受寵愛。從這段早期記憶的整體來看，姊姊應該有感受到來自妹妹的挑戰壓力。在她今後的人生中，應該擺脫不了嫉妒和害怕競爭的心情，可想而知，她應該不喜歡比自己年輕的女人。有些人終其一生都覺得自己比人家老，也有很多生性嫉妒的女人，面對年輕的女性時總感到自卑。

案例二：恐懼死亡的女孩

「我最早的記憶是參加祖父的葬禮，那時我才三歲。」一個女孩這樣寫道。她對於死亡這件事印象深刻。這意味著什麼呢？她把死亡看作是生命中最大的不安和危險因子。她從童年時代發生的事件中悟出了一個道理，「祖父是會死的」。可以猜到祖父特別喜歡她，還把她寵得不行。祖父母總是溺愛孫子，但他們的責任比孫子的父母少。祖父母常常把孫子帶在身邊，以證明自己依舊能得到孩子們的愛戴。在我們的文化當中，老人對自己的價值總不太有信心，有時他們會選擇一些簡便的方法來尋求外界肯定，比如發牢騷。在這個案例中，孫子剛出生沒多久，祖父就開始寵溺她，並在她的記憶裡留下深刻的印象。因此老人去世時，她受到很大的打擊，因為她失去了一位僕人和盟友。

「我記得非常清楚，那時候我看見他躺在棺材裡，僵硬不動，面色蒼白。」我不敢確定，讓一個三歲的孩子看見死去的人是否明智，最起碼應該讓她有個心理準備。經常有孩子對我講，他們目睹某某人死了，因此留下至為深刻的印象，想忘也忘不掉，就像這個女孩子一樣。這樣的孩子會努力去消除、化解死亡的風險，所以他們的理想是成為醫生。他們覺得，醫生更有機會與死亡奮戰。我們曾向許多醫生問起他們的最早記憶，結果通常都跟死亡有關。「躺在棺材裡，僵硬不動，面色蒼白」，這段記憶非常生動，也許這個女孩子喜歡觀看世界，凡事都以視覺為優先。

「棺材運到了墳地，接著放到坑裡去了。我記得捆紮的帶子從粗糙的棺材底被抽拉上來。」她所講述的內容，都是她雙眼所見的畫面，那我們剛才的猜測沒錯：她是以視覺為優先。「經過這件事，後來再有誰提到親戚、朋友或熟人去了另一個世界，我都會感到深深的恐懼。」

死亡給她留下至深的印象。如果我有機會跟她講話，我會問：「妳長大以後想做什麼呢？」她的回答可能是醫生。如果她不回答或刻意迴避，我就會建議她：「妳考慮去當醫生或護理師嗎？」她說到「另一個世界」，這應該是為了補償對死亡的恐懼。從整體來看，我們可得出以下結論：祖父對她非常好；觀察時以視覺為優先；死亡在她的意識中佔據重要的位置。她從生活中感受到的意義是：「每個人都會死」。這點當然沒錯，但每個人對此重視的程度不同，畢竟人生還有許多事情可以投入和關注。

案例三：不想落後的女騎士

「在我三歲那年，我的父親……」敘事的一開始，女孩子的父親就出現了。我們推斷她比較喜歡父親。孩子通常到生長發育的第二階段，才會開始喜歡父親。起先孩子總是喜歡母親，在一兩歲時跟她的關係最親密，既需要也依附於母親，他所有的心靈活動都與母親緊密相連。若孩子的心向著父親，那做母親的就失敗了。說這番話的孩子，對自己的處境不甚滿意，應該是因為弟弟或妹妹降生了。如果她接著描述到自己的弟妹，那我們就猜對了。

「父親給我們買了一對小馬。」果然這個家裡不只一個孩子，我們很想瞭解對方的情況。「他牽著轡繩，把兩匹小馬帶回家。姊姊比我大三歲……」我們得修正我們的解讀，原來她不是家中的長女，而是妹妹。也許她姊姊很得母親的寵愛，所以這個女孩才先提到父親，以及作為禮物的那兩匹小馬。

「姊姊拽著轡繩，騎著小馬得意洋洋地穿過大街。」這是姊姊的勝利。「我騎著小馬追在後頭，她跑得太快，我承受不住。」前頭的姊姊令她如此難受。「馬馱著我一路向前跑，最後害我臉朝下跌到地上。原本令我感到體面的活動，到頭來卻以丟臉收場。」姊姊贏得了這一局。我們可以得出這個女孩子的言外之意：「只要一不小心，姊姊就會勝過我。我總是輸得灰頭土臉。因此，若想獲得安全感，唯一的辦法就是成為第一。」我們總算理解到，姊姊靠著優異的表現贏得母親的偏愛，所以妹妹才轉向父親尋求關愛。

「後來我成了出色的女騎士，成就超過姊姊，然而，那次失敗帶來的心理陰影卻沒有消失。」我們的推想都證實了：兩姊妹彷彿競爭對手一樣。妹妹覺得：「我總是落後，所以必須迎頭趕上。我必須勝過所有的對手。」這種類型的人我描述過，他們通常是家裡的老二或最小的孩子，會設定強大的競爭對手，並試圖超越他。這位女孩不斷回想此事，以強化她的競爭意識。她總是對自己說：「只要有人比我傑出，那我就危險了。我必須永遠保持第一。」

案例四：逃避社交的女孩

「我最早的記憶是大姊帶著我去參加聚會等社交活動。我剛出生時，大姊已經十八歲了。」在她的記憶中，自己從小就是社會的一員，由此我們發現，她的合作能力比別人強。大姊比她年長十八歲，多少肩負了母親的角色。在這個家庭裡，大姊最寵愛她了，還很有技巧地擴大她對其他人的關注和興趣。

「在我出生前，家裡已有四個男孩，大姊是唯一的女孩，很自然地，她會跟人炫耀自己有個妹妹。」這句話聽來就不那麼美妙了；我們之前想得太好了。按道理講，孩子被拿來「炫耀」時，只會在意自己被怎樣稱讚，而不是感到心累。「在我還很小的時候，她就帶著我四處走動。關於這些聚會，我唯一的回憶就是不斷被催促要說話，比如『告訴這位女士妳的名字』。」這是錯誤的教育方法，要是這個女孩長大後口吃或者表達有困難，就沒什麼好奇怪的。孩子口吃，通常是因為急於展示他的說話能力。大人應該教導孩子自然地與人交流，而不是刻意地講話、尋求讚賞，以滿足自我意識。

「我還記得，什麼也不說的話，回家後就免不了一場責罵。所以我開始討厭外出，不喜歡跟人聚會。」

我們先前的解讀方向全錯，必須大大修正一番。現在我們可以聽出這段早期記憶的弦外之音：「大姊帶我去跟其他人接觸，可是我發現這一點也不好玩。從那以後，我就很討厭這種人際交往。」毫無意外地，直到現在她都不喜歡和人打交道，和別人相處時，總覺得尷尬、局促、坐立不安。她是迫不得已才拋頭露面，接受這種過分的要求。為此她錯失了訓練機會，不能與夥伴從容而平等地相處。

案例五：討厭拍照的女子

「我小時候有個大事件，那給我留下深刻的印象。那時我大概四歲，曾祖母來看我們……」祖母都很寵愛孫子，但曾祖母怎樣對待晚輩，大家就不一定體驗過。「乘著這個機會，我們拍了一張四代同堂的合影。」看樣子她對自己的系譜很感興趣，而且還清楚記得曾祖母到訪及合影。由此我們可以得出結論：她非常在意自己的家族。沒有意外的話，她的合作能力僅發揮在家人身上而已。

「我記得很清楚，當時我們開車去另一個市鎮，到了攝影師那裡，大人們給我換了一條白色鑲邊的裙子。」這個女孩子應該也是以視覺優先。

「在拍四代同堂的大合影前，我和弟弟先合照。」我們再一次察覺她對家人的關注；既然弟弟是最親近的家人，她應該會多談一些。「大人把弟弟抱到椅子的扶手上，挨在我旁邊，還讓他拿著一個亮閃閃的小紅球。」這段回憶又跟視覺有關。「我站在椅子旁邊，什麼東西也沒拿。」這時我們看出了她的主要關注點。她在提醒自己，弟弟更受大人寵愛。我們猜想，弟弟出生後，奪走她的地位，變成家中年齡最小、最受寵的孩子，這讓她感到很不舒服。「大人要我們笑一個，」她說：「他們使勁地逗我笑，可我怎麼笑得出來？他們把弟弟抱到寶座上，還給他一個亮閃閃的紅球，而我什麼都沒拿到。」

「四代同堂的照片沖洗出來了。每個人都努力擺出最開心的樣子，除了我。我笑不出來。」她在向家人表示抗議，因為他們對她不夠好。她也沒有忘記要提醒我們，她的家人是怎樣對待她。「大人們要弟弟笑，他笑得非常燦爛。他非常乖巧。到今天我都很討厭給人拍照。」

透過這種類型的記憶，我們得到很多啟發，足以瞭解大多數人的生活態度。我們會從特定回憶中產生印象，再用它去證明自己一系列的行動；接著我們得出結論，一言一行都以這些板上釘釘的事實為依歸。正如在拍這張照片的時候，她非常不高興，直到現在都討厭照相。

我們還觀察到一個普遍的現象：人厭惡某件事時，總會找出它令人反感的元素。為了合理化這種厭惡的情緒，我們會從過往經歷中找出某些關鍵的因素。從這段早期記憶中，我們得到兩條主要線索以清楚顯示當事人的個性。其一，她是視覺為優先；其二，更重要的是，她非常眷戀家庭。這段早期記憶的全部細節都局限在家庭內，因此她應該也不太適應社會生活。

案例六：滴酒不沾的女士

「以下內容是我的早期記憶，可能算不上最早，是三歲半時發生的事。有個在我家打工的女孩帶著我和表弟到地窖，還給我們嘗了嘗蘋果酒的味道。而且我們非常喜歡。」發現自己家裡有地窖，裡頭還藏著蘋果酒，這真是有趣的經歷，就像去探險一樣。

暫且要下結論的話，我們大致有兩個猜測。也許這個女孩子喜歡到新的環境去闖蕩，她的生活態度充滿勇氣；或者正好相反，她覺得有些人的意志非常強大，能有效把自己引誘到邪路上。接下的描述有助於我們做出更精準的判斷。

「不久之後，我們決定再嘗試一次，於是這一回只有我跟表弟去探險。」真是一個有勇氣又渴望獨立的女孩子。「在關鍵時刻，我的兩腿不聽使喚，地窖又很潮濕，於是酒水流了一地。」看來有位禁酒人士從此誕生了！

「這起事件也許導致我厭惡蘋果酒等各種蒸餾飲料。」又是因為一件小事情而使生活態度起了變化。光用常識來想，就會認為這件事不足以導向這樣的後果。而這個女孩子卻暗自認為有充分理由來討厭蒸餾飲料。也許，她就是懂得從錯誤中獲得教益，個性又很獨立，很樂意修正錯誤。這個特質貫穿了她整個人生，她總是會說：「我當然會犯錯，但一有狀況，我就會修正過來。」若是如此，她就是很不錯的人：積極、奮進、有膽氣，努力改善自己的處境，總是在尋找最佳的生活道路。

生活中常見的例子

以上所舉的案例都是用來訓練推論的能力。若想斷定結論的對錯，還需要參看他們的個性與其他表現。接下來我們再從生活中舉幾個事例，以說明當事人的個性與各種表現都是有連貫的。

喜歡觀察路人的男子

有個三十五歲的男子患有焦慮性精神官能症，一離開家就會感到焦慮。他不時被迫去找工作，可只要一走進辦公室，就會整天唉聲嘆氣，唯有回家和母親待在一起，心裡才會踏實。關於他的早期記憶，他是這樣說的：「四歲時，有天我在家裡緊挨著窗戶往外看，街上許多人在忙著各自的事情，我覺得很有趣。」他喜歡坐在窗邊看別人做事，自己卻無所作為。要想改變他的狀況，我們只能說服他：學著和他人合作。從小到大他都以為，其唯一的生活之道就是由別人來供養他。

我們必須幫他翻轉這個觀念。但是一味指斥是沒有用的，藥物或注射荷爾蒙也沒有效。不過，他的早期記憶卻有助於我們幫他找到感興趣的工作。他的興趣就是觀察，而且他有近視，正是由於這個缺陷，他才會把注意力都放在可視的物體。但是他得解決找工作的問題，雖然他一心只想繼續觀看，但這兩者並非不可調和。

他接受治療時，我們找到一項工作來搭配這個興趣：販售藝術品。如此一來，他就能善盡本分、為社會貢獻一份心力。

失語的男子

有位三十二歲的男子前來尋求治療，他患有嚴重的失語症。他無法正常說話，只能輕聲低語。這種情況已經持續兩年，起因於有天他踩到香蕉皮而滑了一跤，接著撞到計程車的車窗。他吐了兩天，從那以後便出現偏頭痛的毛病。他的咽喉組織並沒有任何損傷，雖然有腦震盪的問題，但不足以解釋他為什麼說不了話。整整八個星期他都處於失語的狀態。

這起事故後來進入司法程序，目前法院審理還沒有結束。他把責任全歸咎到計程車司機身上，並向車行索賠。如果他能顯示自己的傷殘之處，他在訴訟中的勝算就會大得多。我們不是說他不誠實，但他的確沒有大聲說話的動機。也許他在受到那次驚嚇後，說話變得困難，也找不到理由去醫好它。

這位病人找過耳鼻喉科醫師，可是也查不出病因。他如此說起早期記憶：「有天我仰臥在搖籃裡，眼看著吊鉤脫落，搖籃就掉了下來。那次我摔得很嚴重。」沒有人喜歡摔落的感覺，可是這個男人卻特別強調這段回憶。他的專注力都集中在掉落的那一刻。「我掉下來的時候，門開了，母親進屋來，嚇了一大跳。」由於這一摔，他贏得了母親的注意，但也帶著指責之意，「她沒有把我照顧好」。同樣地，他認為計程車司機和車行也有過錯，都沒有盡到照顧他的責任。

被寵壞的孩子便有如此的生活習性，千錯萬錯都是別人的錯。接下來他又講述類似的故事。「五歲那年，我從六公尺高的地方摔下來，頭上還壓了一塊很重的木板。整整有五分鐘的時間，我都說不出話來。」看來這個男人動不動就有語言障礙的問題。他在這方面訓練有素，經常把摔倒當作無法說話的理由。在我們看來，這種理由當然不成立，可他就是這樣認為的。這一套說詞他已經演練了上百遍，只要一摔倒，語言障礙的劇碼自動上演。

他必須弄明白自己的錯誤在哪，否則他的病治不好。摔倒和他的語言障礙沒有關係，尤其是在那場交通事故之後，其實他沒必要整整兩年故意放低音量。透過他的回憶，我們便能得知，為何他很難理解自己的錯誤在哪。「我的母親衝進來……」他繼續講：「她情緒很激動。」他意外掉到地上後，母親驚嚇不已，因此更加關注他的狀況。他從小就希望被寵愛、成為父母關注的焦點。於是我們明白了，他出了意外後，很希望能得到賠償。被慣壞的孩子都會有類似的反應。不過，他們恐怕不會採用語言障礙這種手段。失語是我們這位病人的獨有標誌，是他從人生經歷中所構建的生活習性。

夜夜失眠的男子

有位二十六歲的青年男子來找我，抱怨說找不到令他滿意的工作。八年前他在父親的安排下去了一家證券公司上班，但是他一點都不喜歡這份工作。不久前他辭職了，有試圖找其他工作，但過程不太順利。他還抱怨自己患有失眠問題，常常有自殺的念頭。他辭去工作後就離家，在外地找到一份差事，後來他收到家書，原來他母親生病了，他就只好辭職回家。

從這段故事我們合理懷疑，他小時候被母親寵壞了，而父親又太過威權。他的生活就是一場鬥爭，只為了反抗父親的嚴格教育。接下來我問他在家中的地位。他說他是家中最小的孩子，還是唯一的男孩。他有兩個姊姊，大姊經常對他頤指氣使，二姊也好不到哪裡去。父親總是喋喋不休地指責他，讓他深感委屈，心想家裡每個人都可以使喚他，只有母親是他唯一的朋友。

直到十四歲他才去上學，後來父親把他送進農校，這樣他就可以去準備購置的農場上幫忙。這孩子在學校的表現相當不錯，但他下決心將來不做農民。於是父親幫他在證券公司找了工作。令人驚異的是，他那裡撐了八年，原因是他想多為母親做點事。

小時候他不愛乾淨，膽小怕黑，不敢一個人待在家裡。孩子不愛乾淨的話，通常都會有人在後面幫忙收拾。孩子怕黑、不敢獨自待在家裡的話，那他應該會想引起某人的注意，以取得安慰。現在這位年輕人最在乎的，就是他的母親。他覺得交朋友很不容易。雖然在陌生的環境中還挺合群，但他對戀愛不感興趣，從未想要結婚，而且他覺得父母的婚姻並不幸福。

父親不斷對他施加壓力，要他回證券公司上班，但他想從事廣告業。不過他也明白，家裡不會資助他去實現抱負。在每一個關鍵的時機，他的一舉一動都是為了對抗父親。他在證券公司上班時已能自給自足，卻沒有想過要花錢去學習廣告業務。辭職回家後他才想起此事，於是對父親提出這個要求。

他的早期記憶充分展現出，一個被溺愛的孩子如何反抗嚴厲的父親。他曾在父親的餐館裡幹活。他喜歡洗盤子，還把它們擺到不同的桌上，這個舉動激怒了父親，於是在眾多食客面前被狠狠賞了巴掌。在他看來，這段經歷就足以證明父親是敵人，一輩子都要跟他對抗。所以他並沒有真心想去工作，而只有傷了父親的心，他才能感到心滿意足。

他想自殺的念頭很容易理解，全都是在抱怨某事。想死的時候，他一心念著：「全都是父親的錯。」他對工作的不滿也投射到父親身上，所以父親構思的任何計畫，他都會反對。他從小被溺愛，所以事業上無法獨立。他沒有工作的熱誠，只想玩樂，好在他和母親還相處融洽。不過，他和父親的矛盾又如何導致他失眠呢？

晚上失眠的話，隔天他工作的精神狀態就很差。父親等著他去上班，可是這孩子渾身疲憊。當然他可以直說：「我不想工作，也不喜歡被人強迫去上班。」但是他掛念母親的狀況，家裡的經濟狀況也沒那麼樂觀。他執意拒絕的話，家人會覺得他沒有希望，從此不再供養他。所以他不得不找個藉口，而他也找到了，也就是失眠，雖然表面上看來這是意料之外的疾病。

開始治療時，他聲稱自己從不做夢，到後來他回憶起經常做的一個夢。他夢見有人往牆上扔球，而球觸牆後就彈開了。這似乎沒有什麼特別意義。這個夢和他的生活習性有什麼勾連嗎？我們接著問：「然後呢？球彈開了你有什麼感覺？」他說：「只要球一彈開，我就醒了。」現在他自己道出了失眠的關鍵：這個夢就像鬧鐘一樣。

他總感覺到，每個人都在逼他前進，強迫他去做他不情願的事。一夢見有人往牆上扔球，他就會醒來，結果隔天就疲憊不堪，沒法正常工作。於是他父親又焦急地期待他去工作。透過這個迂迴的辦法，他就戰勝了父親。光看他如何跟父親鬥爭，就不得不承認，這真是克敵制勝的高招。但無論是從他本人還是其他人的角度來看，這種生活習性不能令人滿意，所以我們必須幫助他。

我向他解釋後，此後他就不再做這個夢了，但還是會在半夜裡醒來。他已經沒有勇氣再做彈球的夢，因為他的意圖已被看穿了，然而每天他還是精疲力竭。怎樣才能幫助他呢？唯一的方法就只有讓他和父親和解。否則，只要他的精力都用來激怒和打敗父親，生活就不可能回到正軌。

於是，開場時我就按照一貫的程序，先承認這位病人的態度有其正當理由。「看起來你父親錯了，」我說：「一直以來，他都用父親的權威來逼你就範，這非常不明智。也許他才需要被治療。不過，你現下該做些什麼呢？先不要指望去改變他。比方說，若你一出門遇到下雨，那該做些什麼？當然是找把傘或叫計程車。總不能跟天氣搏鬥吧？你制服得了它嗎？可現在你像是在用寶貴的時間跟天氣戰鬥。你認為自己在展現力量，還以為取得上風。可實際上呢？受到最嚴重打擊的不是別人，正是你自己。」他所有的言行均有關聯，包括對工作猶豫不決、常有自殺念頭、逃離家庭以及失眠等。我一一向他說明，這些報復他父親的行為，到頭來都是在折磨自己。

我又給他提了一條建議：「晚上睡覺時，想像一下這個畫面：你半夜時不時醒過來，隔天十分疲憊，於是累得沒辦法正常工作，你父親氣得火冒三丈。」我希望他面對現實。他滿腦子只想讓父親生氣、難過。我們必須阻止這種對抗關係，否則治療一定會失敗。他是被寵壞的孩子，我們都看得清楚，現在他也明白了。

這種情況與「伊底帕斯情結」高度相似。這個小夥子滿腦子盤算著要折磨父親，但十分依戀母親。然而這跟性沒有什麼關係。母親寵壞他，父親又不近人情。他吃虧在沒有接受適當的教養，又誤判了自己的處境。他的困境跟遺傳無關。人類有些行為是出於野性，就像茹毛飲血的食人族那樣，但這個年輕人的習性是從個人經歷中培養出來的。每個小孩都有機會被激發出這種態度，只要母親溺愛孩子，父親嚴苛又冷漠。孩子憤而反抗父親的意志，又不具備獨立解決問題的能力時，就會輕易養成前述的生活習性。

第五章

夢

個體心理學的治療著重在強化當事人的勇氣，
以應對生活難題。
不難理解，在治療過程中，
患者做的夢會改變，
朝著更為自信的方向發展。

每個人都會做夢，但是真正理解其含意的人少之又少。這種現象挺奇怪的。夢是心靈最普遍的活動之一。人們一直對夢很感興趣，也絞盡腦汁想解開當中的謎團。很多人覺得自己的夢有深意、古怪又很重要。從遠古時期，人類就表現出這方面的興趣。整體來說，人們在做夢時並不清楚自己在幹什麼，也不知道自己為什麼會做夢。據我所知，目前只有兩種釋夢理論比較全面且有科學基礎，也就是個體心理學和佛洛伊德的精神分析學派。他們都聲稱自己有充足的知識能闡釋夢境。但我認為，只有前者才有資格說他們的解釋方法沒有背離常識。

以前人們嘗試用各種方式來解夢，雖然不夠科學，但還值得參考。這些方法讓我們看到以前人是怎樣看待夢境，並抱持哪些態度。既然夢是心靈的創造性活動，若能看出人們在夢境中的期待，就更能破解其深處的意圖。

打從探索一開始，我們就發現了引人注目的事實：人們似乎理所當然地認為，夢對未來有某種影響力。人們常常覺得夢裡有個精靈、神靈或先祖，祂們會控制其心靈，並影響自己的命運。他們遇到困難時，就可以在夢中得到指引。古老的解夢書有很多解釋，包括夢能預言當事人未來的命運。古代人會從夢境中尋找各種徵兆和預示。希臘人和埃及人會求助於神廟，希望能做神聖的夢來影響未來的生活。這種夢有治癒功能，用來解除生理或心理上的疾病。

美洲印第安人煞費苦心地採取各種手段，諸如身心淨化、齋戒和發汗浴，希望以此來引夢，並根據解夢的結果來行動。在《舊約》中，夢也被當成未來的預言。直到今天，依然有不少人聲稱自己做過的夢有實現。他們相信自己在夢裡能洞察千里，而夢境會以某種方式延伸到未來，並預示將要發生的事。

從科學的立場來看，這些想法是挺荒謬的。我一開始研究夢境時，就已經瞭解到，比起設法做夢，還不如保持清醒、發揮各種能力，才更能預見未來的發展。

夢不可能比日常思維更明智、更有前瞻性，只會更令人糊塗而費解。然而，「夢與未來有某種聯繫」，這種傳統觀點還是引起學者的注意，在某種意義上來說，它未必全錯。從正確的視角來研究它，我們或許能找回錯失的關鍵線索。正如人們一貫認為，夢可以帶來解決問題的方法。

可以肯定的是，做夢是為了找尋未來的線索。這絕不是說，夢的確有預言的功能，我們需要思考的是，人們想尋找哪種解決方法，以及希望從哪裡找到。儘管如此，運用常識、面對現實並動腦想出的辦法，絕對勝過從夢中得到的啟示。事實上，許多人都不想努力，只希望在睡夢中解決難題。

佛洛伊德的創見與缺失

把夢作為有意義的研究對象，以科學的角度來理解它，對此佛洛伊德的確功不可沒。然而在很多要點上，他對夢的解讀偏離了科學的範疇。他假定心靈在白天跟在夜晚的活動是有差異的。「意識」和「無意識」截然相對；夢依照特殊法則運作，跟日常思考的邏輯相互矛盾。只要在任何學說中看見這類矛盾，我們都可以總結：此人對心靈的看法是非科學的。

原始部落和古代哲學家在思考時，總喜歡以強烈的二分法設定概念，讓它們互相矛盾。這種截然對立的思考模式，在精神官能症的病人身上尤為顯著。正如人們通常認為左右、男女、熱冷、輕重、強弱是矛盾對立的。但從科學的眼光來看，它們並非是矛盾，而是多樣性。它們是尺上的刻度，排列在假想的標準距離上。同樣地，好壞、正常與反常都不是矛盾，而是多樣性。因此，若有學者把睡眠和清醒、夢境和思維當作對立的現象，那就必定違反科學原理。

在佛洛伊德獨創的學說中，另一個爭議之處在於，他認為夢境都是性的象徵。也就是說，夢跟日常的努力及活動沒有關係。佛洛伊德的觀點若成立，那麼夢境只能呈現部分的人格。佛洛伊德跟他的信徒發現，以性來解讀夢並不夠，於是又稱夢境能呈現無意識對死亡的強烈渴望。也許我們能找到某種角度證明，此說法是正確的。前面提到，人想從夢中找到簡便的解決辦法，也顯示他缺乏某種勇氣。

佛洛伊德的術語有太多隱喻，因此我們難以看出夢境是如何反映出整體的人格。簡單來說，他斬釘截鐵地把夢境跟現實切開。其實他給我們很多有趣且有價值的提示，比方說夢境並不重要，其背後隱含的想法才值得探討。在個體心理學中，我們也有得出類似的結論。可惜的是，精神分析缺少心理學的必要前提：人格連貫性與個體所有表現的同一性。

佛洛伊德在談到釋夢的關鍵問題時，充分展現出這種缺失。有人問：「夢的目的是什麼？我們到底為了什麼而做夢？」精神分析學者的回答是：「為了滿足個體不曾實現的欲望。」但這種觀點沒有解釋任何事。有些人不常做夢、忘記夢到什麼或無法理解夢，那欲望就沒被滿足了嗎？人都會做夢，但很少有人理解它們的含意。在夢境中我們能得到什麼樣的快樂？假設夢境跟白天的生活毫無瓜葛，而且它帶來的滿足感僅限於夢中，那麼它對於當事人的意義就很明白。可是這樣一來，人格的連貫性便不復存在；只要一清醒，夢就不再有任何意義。

從科學的角度來看，當事人無論是在做夢或清醒的狀態，都是同一個個體。而既然人格是連貫的，那麼夢在他清醒時也有意義。這一點在某類型的人身上最明顯。在夢中，他們努力想實現某些願望，而這跟其個性有關。這些人就是被寵壞的孩子，他們總是會問：「怎樣才能得到滿足？大家能給我什麼？」他們會在夢中尋求滿足感，而態度如同在生活中的各項表現。

深入研究就會發現，佛洛伊德所關注的對象其實都是被寵壞的孩子。這種人會覺得自己的本性不容置疑，而他人的存在會侵害到自己的權益，他們總是愛問：「為什麼要愛護鄰居？他們有關心我嗎？」精神分析學派的基礎與假設全都是針對這些被慣壞的孩子，然後依此作了最詳盡的描述。但是，追求滿足感終究是為了爭取優越感的千百萬種方式之一，不足以成為個人所有言行的核心動機。為了研究做夢的目的，我們必須先去探索，為何人會遺忘以及無法理解自己的夢境。

夢的功用在於喚起感覺

大約在二十五年前，我開始試圖探索夢的意義，於是碰到這個令人困惑的問題。我發現，夢境和清醒的生活並非截然對立，當事人在兩者的行動、表現與步調是一致的。在白天，我們全神貫注地努力追求優越感，其實在夜晚我們仍舊會想著同樣的問題。每個人都會透過夢中的行動去完成一項任務，也在追求某方面的優越感。因此夢必定是生活習性的產物，甚至能讓人建立並鞏固生活習性。

接下來的討論，有助於我們馬上釐清做夢的目的。通常我們早上醒來之後，都會忘記做了什麼夢，忘得一乾二淨。但這是真的嗎？什麼都沒有留下？其實還是有，那就是夢境所喚起的感覺。雖然我們忘了夢中的景象，也不知道它們的含意，但還留下感覺，而做夢的目的就在其中。因此，夢境就是用來挑起感覺的工具，而做夢就是為了產生那些感覺。

個人所產生的感覺必定與他的生活習性一脈相承。夢中和日間的思緒沒有絕對的差別和森嚴的分野。簡單來說，在夢中，心靈會切掉許多跟現實的連結，但還是保留了一些。畢竟在入睡時，我們還和現實有連結，還在煩惱一些問題，睡眠品質也會受影響。在睡眠過程中，我們還是能調整姿勢，以防從床上摔下來，這事實表明，那時我們與現實的連結還存在。

就算在嘈雜的環境下入睡，只要身邊的嬰兒發出輕微的動靜，母親也會警醒過來。由此可知，在睡夢中我們還是可以保持和外在世界的連結。不過，雖然那時感官知覺還在，但已弱化許多，與現實的連結也減少了。做夢時我們都是獨自一人，社會各方面的要求就不再那麼急切而逼人，心靈就不會受到刺激而必須趕緊去應對周邊的情況。

睡前若能擺脫緊張的感覺，或有十足把握能解決某問題，睡眠品質就不會受到影響。對於寧靜又安穩的睡眠來說，唯一的干擾因素就是做夢。因此，我們可以得出結論：

有些問題棘手又難解、現實壓力很大，在睡覺之際還會煩惱時，我們才會做夢。夢的任務就是重現白天困擾我們的問題，並提供解決辦法。

現在我們就來看看，心靈在睡夢中如何向問題發動進攻。

逃避現實的人做夢的頻率也高

在夢中，既然我們不用處理現實的細節，問題也簡化許多，就不需要大費周章地找出解決辦法。做夢就是為了保留並強化自己的生活習性，並喚起與之對應的情感。不過，為什麼生活習性需要支援呢？它會遭受哪種類型攻擊？可想而知，那一定是跟現實和常識有關。所以我們得出一則有趣的知見：個體一碰到問題，又不願意依常識的方法去解決，那就有可能透過夢境所喚起的情感來強化自己的立場。

初看上去，這一點與我們清醒時的狀態互相矛盾，其實並不會。在清醒時，人也會同樣的方式來激發自我肯定的感覺。許多人遇到困難時，並不願意用常識去應對，只想沿用舊有的生活習性，那麼就會動用一切手段來證明它們既合理又有用。比如說，有人的目標是輕鬆賺錢，既無需下苦功，也不必為他人所有付出，那麼賭博的確是個辦法。他明知道很多人因此傾家蕩產、家破人亡，但依然只想著要輕鬆發大財。他會怎麼做？他會不時想著金錢的美妙之處，幻想著用投機手段賺大錢，接著買名車，過著揮金如士、人人都欽羨的奢華生活。這些想像喚起相關的感覺，並推著他往前走。於是他拋下常識、走進賭場。在日常生活中，同樣的事情也會發生。在我們埋頭工作時，身邊的人說有一齣戲非常好看，我們就會有種衝動，想馬上跑到戲院去。

戀愛中的人也一樣，他會為自己的未來勾勒一幅藍圖，假如感情很順遂，那些畫面便會美好而迷人。有時悲觀的情緒湧上心頭，他便會想起愁雲慘澹的情況。也就是說，他的感覺被喚起了，因此，平常只要觀察某人喚起的感覺，就能判斷出他是怎樣的人。

但是，若夢醒後除了感覺什麼也沒有留下，那又如何影響日常的思維？既然夢境違反常識，那我們大可認為，不想被感覺欺騙、秉持科學態度做事的人，應該不大會做夢、甚至都一覺到天亮。相反地，老是背離常識的人，就是不願意採用正常、有效手段來解決問題。常識是合作精神的象徵，沒有培養團隊感的人總是討厭理性思考，也更常做夢。他們總想證明自己的生活習性既合理又管用，但又不斷避開現實的挑戰。

我們得出的結論是，一旦人不想修正自己的生活習性，又得面對當前的問題，那他就會在兩者間架設一座虛幻的橋樑，那就是夢境。

生活習性會左右夢的發展，它總是能召喚出當事人所需要的情感。在生活中不會出現的表現、言行和特徵，也不會在夢中出現。不管是否在夢中，我們處理問題的方式都一樣，而夢只是用來支持並強化生活習性。

如果以上的結論正確，那麼我們對於夢便有更新、更重要的理解。在夢中，我們都是在欺騙自己，都是在自我陶醉和自我催眠。夢的唯一功用是激發情緒。好讓我們應對現實境況。我們在夢中所展現的人格和日常生活都一樣，彷彿在心靈的工坊裡醞釀情感，以供白天使用。因此，從夢的建構過程以及當中出現的手段，就能看出人如何進行自我欺騙。

那要如何分析呢？首先，我們會看到當事人挑出某些特定的畫面、事件和事態。我們先前提過這種挑選過程：回首往事時，我們會在心裡製作成回憶錄。而這些選擇是有意義的。我們從記憶庫挑選出來的事件，都是用來滿足自己想追求的優越感。這些目標左右了我們的記憶。同樣地，在建構夢境時，我們以同樣的方式來挑選事件，除了要符合生活習性，也要呈現出面對困難時既有的態度。生活習性與當前困境的關係，便會影響這個挑選的過程。在夢中，我們依然固著於生活習性。遇到困難時，我們理性的一面會召喚常識，但卻擺脫不了生活習性。

象徵與比喻法的用途

夢境還會以哪些手法呈現呢？在遙遠的古代，哲人就開始分析夢境，到今天，佛洛伊德也強調一些類似的觀點。他們都認為，夢是透過隱喻和象徵手法建構起來的。正如有一位心理學家所說的那樣：「在夢中，我們都是詩人。」

問題是，為什麼心靈不用簡單直白的話語，而要借助於詩和比喻？這是因為，心靈若像平常那樣說話，不假道於隱喻或象徵，那就難以逃離常識了。但這兩種手法會被濫用，我們會將毫無關連的概念連結起來，或同時呈現對立的兩件事。因此我們會得出不合邏輯的論點，那只能用來激發情緒。

日常生活中我們常犯下這種錯誤。想糾正某人的行為時，我們會說：「不要這麼孩子氣！」或者：「哭什麼哭？跟女人沒兩樣。」這種比喻方式跟現實無關，僅是為了發洩情緒，但我們總是會不小心用上。正如高個子對小個子生氣的話，或許會說：「這傢伙像隻小蟲，我一腳就把他踩死。」這個比喻有助於增長他的憤怒情緒。

比喻是非常奇妙的表述工具，然而我們也常因此受騙上當。希臘詩人荷馬描寫希臘軍隊時提到，他們如「猛獅」一般橫掃疆場，而現場景象是多麼壯麗！可想而知，他應該不會如實地寫道，這些渾身髒兮兮的戰士，是如何狼狽地爬行在戰場上。當然不是，他希望我們記得這些戰士有多勇猛。

我們當然知道他們並非真的獅子，但假如詩人描寫道：「這些戰士沉重地喘息、汗流浹背，他們停下腳步，亦或鼓起勇氣，或設法逃離戰場。他們的盔甲破敗老舊……」等等數不清的細節，我們就不會留下深刻的印象了。比喻常常被用於想像美好的事物，或用於構築神話傳說。然而在此必須強調：對於生活習性有問題的人來說，他們使用比喻和象徵非常危險。

假設有個學生在準備考試，而且日期迫在眉睫，他只需要多鼓勵自己，用常識去應對就可以了。但是如果他的生活習性是逃避，也許就會夢見自己出現在戰場上。採用這種強烈的意象來比喻急迫的問題，就能找到怯戰的理由。又或者他會夢見自己站在懸崖邊，他必須後退，不然就會掉下深淵。為了逃避考試，他必須培養出相對應的心情，所以把它當成萬丈深淵來欺騙自己。在這個案例中我們發現，人們在夢中經常使用裁剪法，也就是把一個問題不斷縮減，最後只剩一小部分，並用隱喻來呈現這個剩餘部分，彷彿它就是原來的問題。

假設另一個學生較有勇氣，會積極地規劃未來，所以他認真完成作業，設法通過考試。不過，他也希望得到支持，以加強自己的信心；他習慣這樣自我要求。於是在考試前夜，他夢見自己站在一座山的頂峰。當然這個情景也是被過度簡化的，只呈現出他生活的極小部分。本來他面對的是一個大問題，但是諸多面向卻都被裁切掉了，他的意念都集中於成功的前景，以喚起感覺來提振信心。第二天早上他懷著愉快的心情起床，躊躇滿志，比以往更有勇氣。他成功地把眼前的困難變小。他的確提振了信心，但多少也欺騙自己。他沒有全憑常識來面對問題，而設法激發自己的正面情緒。

案例：可憐的士兵

激發情緒很常見。正如想躍過小溪時，在起跳前我們會倒數「三、二、一」。這個舉動很重要嗎？真的要倒數才能起跳嗎？

當然，這兩個舉動沒有一丁點的關聯。然而倒數是為了激發情緒，以集中所有的力量。我們動用各種心理技巧，以精心打造自己的生活習性，並鞏固、強化它，而其中最重要的技巧就是激發情感。我們時時刻刻都在培養這種能力，而且在睡夢中更為投入。

讓我舉個例子來說明我們如何在夢中欺騙自己。在第一次世界大戰期間，我在軍醫院擔任院長，專門治療有精神官能症的傷兵。每當我看到這些無所適從的士兵，總是會盡力安排一些容易的任務，讓他們能適時放鬆。這樣的做法十分有效，所以他們的壓力減輕了不少。

某天有個士兵來找我，他是我所見過最為魁梧的人，但情緒十分消沉。我為他做檢查時，就在努力尋思怎樣能幫助他。當然，我可以把每個前來找我的士兵都送回家去，然而我的診療報告必須呈交給上司，經過他的同意才能放行，因此我的慈悲之心必須有所保留。這個士兵的症狀讓我難以做出決斷，最後我說：「你有神經方面的疾病，可是身體強壯又健康。我會給你安排輕鬆一點的工作，這樣就不需要回到前線了。」

那位士兵滿臉可憐相，他回答我說：「我是個窮學生，還得教書來養活年邁的父母。如果我不去回去教書，二老就會餓死。家中沒有別的支柱，所以我得設法扶養他們。」我本可以幫他安排一份輕鬆的工作，讓他回鄉從事文職工作，但是我又擔心這份診療報告會激怒我的上司，反而讓他又被送回前線。最終我決定實話實說。我給出一項證明，說他只能勝任哨兵的工作。

晚上我回到家裡躺下，卻做了一個惡夢。我夢見自己成了殺人犯，在漆黑狹窄的街巷裡四處亂跑，使勁地思索我奪走誰的性命。我實在想不起來誰是被害人，只有擔心：「殺人犯這個罪名我擺脫不掉了，我這輩子都完了。一切都結束了。」於是在夢裡，我呆呆地站著不動，渾身大汗淋漓。

我醒來後，第一個念頭就是：「我奪走了誰的性命？」接著想道：「假如我沒有給這個士兵安排一份文職工作，他就會被送到前線然後陣亡。那我的殺人罪咎就會成立了。」讀者可以看到我如何激發情感並欺騙自己。

我並沒有要了誰的命，即使這樣的不幸真的發生了，責任也不在我。只是出於生活習性，我不允許自己冒險。我是醫生，我的使命是拯救生命，而不是危害生命。假如我在診療報告上建議，幫他安排一份輕鬆的工作，上司就會把他送上前線，其處境便會更糟。因此，若我想要幫助他，唯一能做的就是尊重常識和常理，不要違反自己的生活習性。於是開了一份證明說他適合擔任哨兵。

事實證明，尊重常理比較妥當。上司讀了診療書後，把我寫的內容統統劃掉。我當時想：「糟了，這下他就得上前線了。我真該寫明：給他安排文職工作。」上司卻接著寫：「轉派行政機關，六個月。」原來這位長官收受這個士兵的賄賂，於是對他高抬貴手。而且這個年輕人從來沒有教過書，他說的話沒有一個字是真的。他編了這個可憐的故事，我才會幫他安排輕鬆的崗位，然後那位受賄的長官就可以順手批准我的方案。從那以後我就想，最好不要再做夢了。

日常的夢境含意

夢難以被理解，原因就在於它會愚弄我們，讓我們迷醉。理解它的運作機制後，我們就不會再上當，內心就不會再掀起感覺或情緒的波瀾。我們寧可用常識來面對生活，而不會聽從夢的驅使。一旦理解夢的目的，我們就不會再被愚弄。

夢是連接現實問題和生活習性的橋樑；然而生活習性不需要再強化，它應該更貼近現實。夢有成千上萬種，全都在透露出，面對具體情況時要再強化的生活習性。因此，夢的解讀因人而異，不可能用現成的公式來理解當中的象徵或隱喻。夢是基於生活習性的創造活動，包括個體對於特定處境的獨有見解。下面我會簡要介紹一些較為典型的夢，它們不是從實際經驗得出的黃金法則，只是要幫助讀者理解夢及其意義。

很多人都夢到自己在空中飛行。要理解這樣的夢（以及其他的夢），關鍵在於它所引起的感覺。夢見自己飛行，給人帶來愉快、充滿勇氣的氣氛，心情從低落變成了高昂。心靈把克服困難、追求優越感想像成簡單的任務，因此我們有理由推斷：當事人非常勇敢，目光超前、躊躇滿志，在睡夢中都不會忘記自己的雄心壯志。他在夢中暗自思考：「我是否該繼續奮鬥？」答案是：「前進的路上沒有障礙。」大家也都做過從高空墜落的夢。這充分顯示出，心靈裝滿了自我保護的意識，以及對失敗的恐懼，但不太願意去努力克服困難。

這很容易理解，只要想一想教養孩子的傳統方式就夠了。我們總是警告他們要小心、要多加防備。孩子不斷聽到這樣的訓誡：「別爬到椅子上去！把剪刀放下！離火遠一點！」他們身邊總是環繞著虛構的危險情況。當然，這些危險確實存在，但嚇唬孩子無助於讓他學會應對方法。

有人經常夢見自己癱瘓，或沒有趕上火車，其意思就是：「看來我不需要介入，問題就能自然解決，真令人高興。我得繞道而行，一定要遲到，這樣就不必面對問題。火車開走了才到車站就好。」很多人還會夢見考試；他們大為驚訝，年紀很大了還要參加考試，而且那些科目多年前就已經考過了。對於某些人來說，這種夢的含義是：「你還沒有準備好要應對眼前的問題。」另一種意思是：「你以前能通過考試，而眼前的難關也不成問題。」

每一個象徵對不同個體的含義都不同。對於一個具體的夢，我們應該研究它所帶來的情緒，以及它與當事人生活習性的關聯。

愛上已婚男人的女子

有位三十二歲的精神官能症患者來求診。她是家裡的老二，所以總是滿懷雄心壯志，每天都想要獨佔鰲頭，以無可指謫、圓滿的方式解決問題。她來看診的時候，精神已經崩潰了。她愛上年長的有婦之夫，對方的事業還出問題。她想嫁給他，可是男方沒有離婚。

於是她做了這個夢：她把公寓租給一個男人，而她自己住在鄉下；男人搬進公寓不久就結婚了，但沒賺什麼錢。此人品行不端，又不肯努力工作。他交不出房租，她只好把他趕出去。我們一眼就可看出，這個夢跟她當前的問題有關。她正在煩惱是否該嫁給事業無成的男人；此人窮愁潦倒，根本養不起她，有次帶她去吃飯還沒錢付帳。這種矛盾令她難以面對。

前面所描述的夢境激起她對婚姻的抗拒。她眼光很高，不願意被這個窮困的男人拖累，於是在夢中用隱喻來問自己：「他租了我的公寓，卻沒錢付房租，該怎樣處理這個房客呢？」答案就是：「請他搬出去。」

當然，這個已婚男子不是她的房客，這兩件事不能混為一談。不能養家跟付不起房租是不同的問題，但為了舒緩壓力，也為了對自己的生活習性更有把握，她為自己創造這樣的感覺：「我不能嫁給他。」透過這個途徑，她就無須用常理來解決困難，而是把戀愛與婚姻問題簡化了，彷彿用隱喻就能找出答案：「這個男人租了我的房子，但付不起房租的話就得離開。」

把胃部當成生命核心的男孩

個體心理學的治療著重在強化當事人的勇氣，以應對生活難題。不難理解，在治療過程中，患者做的夢會改變，朝著更為自信的方向發展。有位憂鬱症患者在就診前做了一個夢：「我獨自坐在長椅上。突然暴風雪降臨，但我很幸運地躲過一劫。我很快跑進屋裡，回到丈夫身邊，然後幫他在報紙廣告欄裡找到一份合適的工作。」這位病人能自己解釋這個夢：她覺得自己與丈夫和解了。她以前痛恨他，抱怨他軟弱無能又沒有進取心，沒本事掙錢過好日子。而這個夢的意思是：「待在丈夫身邊比獨自面對危險要好得多。」

這位病人對自己處境的判斷我們大致贊同，但她在夢中與丈夫和解的方式以及婚姻狀況都透露出親友長期來的憂慮與勸誡。她太害怕獨處，還沒有辦法以十足的勇氣和獨立精神跟丈夫合作。

有名十歲的男孩被大人帶到診所。老師說他對其他孩子惡毒又刻薄。他在學校偷東西，然後把贓物放在其他同學的課桌裡，於是無辜的孩子就受到責備。會發生這樣的事情，唯一可能就是孩子有所需求，必須拉低其他人的層次。只要讓別人受到羞辱，就能證明他們的人品有多刻薄。

依據這樣的行事風格，便可猜測跟家庭有關，一定有某個家人是他想要構陷的目標。這個十歲的孩子有次在大街上朝孕婦扔石頭而惹上麻煩。他應該知道懷孕有多危險，但有可能他不喜歡孕婦。我們最好去瞭解一下，他的家裡是否有弟弟或妹妹，而後者出生引起他的不快。老師在報告中稱他為「害群之馬」：騷擾和辱罵同學、散播謠言、甚至追打小女孩。因此我們確信，他家裡有個宛如競爭對手的妹妹。

他家有兩個孩子，他是老大，下面有一個四歲的妹妹。他的媽媽解釋道，他很愛妹妹，對妹妹一直很好。這說法我們當然很懷疑：如此頑劣的孩子不可能愛他的妹妹。事實證明我們的懷疑沒錯。這位母親還說她跟丈夫的關係非常和諧，堪稱完美；孩子變成這個樣子，著實讓人遺憾。意思就是，這對夫婦對孩子的惡行不需負責，那些都是來自他的劣根性，是命運使然，是遠祖的基因在隔代作祟！

這種家庭遺憾大家都不陌生：無比優秀的父母生出令人生厭的孩子！老師、心理治療師、律師和法官的家庭都會碰上這種不幸。事實上，「完美的」父母反而會給男孩帶來困境：他一看到母親對父親的愛，就會被激怒。他一心想要獨佔母親的愛，所以厭惡她對其他人表現出來的關心。

幸福的婚姻可能會傷害孩子，不幸的婚姻更是如此，那父母該怎麼做呢？我們必須從小就培養孩子的合作能力，把他帶進父母的關係中，但必須避免他只依附一個家長。我們認為，這個孩子被家長慣壞了，一心只想保住母親的關愛，只要感到有所缺乏，立刻就會製造麻煩。

我們的懷疑立刻得到證實。這位母親從來不會懲罰孩子，總是等父親回家後才由其處置。她也許感覺自己心腸太軟，或認為只有男人才有權威可發號施令、懲罰孩子。也許她希望保持孩子對自己的依附，更害怕失去他。無論事實為何，母親都在操弄孩子的情感，使他失去對父親的興趣以及父子的合作機會。可想而知，父子的間隙不斷地加深。

其實這位父親很愛妻子和家庭，但因為兒子的惡行，所以他下班後也不願意回家。他對兒子的責罰很重，常常動手打他。母親說，她兒子絕不討厭父親，這當然是不可能的，他又不是心智有問題，只是學會掩飾自己的感情罷了。

他很愛妹妹，但卻不能溫和地跟妹妹玩遊戲，經常踢她或賞她巴掌。他平時睡在餐廳坐臥兩用的長椅上，妹妹則睡在父母臥室裡的幼兒床上。只要發揮同情心，設身處地為那個男孩想一下，用他的心智去思考、感受和觀察，就知道父母臥室裡的那張幼兒床有多討厭。他想佔據母親全部的注意力，可是在夜裡妹妹比較靠近母親，他必須想辦法取而代之。

這個男孩的身體很健康，他的出生過程很順利，接著喝了七個月的母乳。但他第一次改喝牛奶時就吐了，這個症狀一直持續到他三歲，看來他胃的功能可能不是特別好。現在他的飲食狀況良好，營養很均衡，但老是在擔心自己的胃，認為那是自己的弱點。如此一來，我們就能理解為何他要向孕婦扔石頭了。他對飲食很挑剔，吃得不開心時，母親就會給他一些錢，讓他去買點喜歡的食物。但是他常跑到鄰居家去抱怨，說父母總是不給他吃飽。這個小把戲他玩得得心應手，沒事就要演一下。原來他塑造優越感的方法就是去毀謗別人。

他來看診時描述了自己做過的一個夢，於是我們就理解他的心境了。他說：「我夢見自己是西部牛仔，還被送到墨西哥。我必須殺出重圍才能回美國。一個墨西哥人走來，我就朝他的肚子狠踢過去。」當事人的感受是：「我被敵人包圍了，一定要奮力一戰。」牛仔通常都被視為英雄，所以他應該認為，拍打小女孩、踢人肚子很神勇。前面提到，胃在他的生命中扮演重要的角色，這是他全身最柔軟的地方。他的胃功能不好，父親也常抱怨胃痛的問題。在他們家裡，胃的地位非常崇高，所以這個男孩的攻擊目標就是家人最軟弱的部位。

他做的夢和平日言行非常一致，精準地符合他的生活習性。也就是說，他還活在夢裡，我們必須把他從夢中喚醒，否則他會一直保持該生活習性。他不但會攻擊父親、妹妹和其他小孩（特別是小女孩），就連制止他打人的醫生也會遭殃。他在夢裡產生的衝動情緒，會刺激他不斷地戰鬥，以成為克敵制勝的英雄。除非他發現這是愚弄自己的把戲，否則我們沒辦法治好他。

在診所裡，我們向他解說這個夢的含意。但他認為，自己生活在充滿敵意的世界，那些想要懲罰他、妨礙他的人就是夢裡的墨西哥人。他第二次來到診所時我們問他：「上次見面之後，有沒有什麼變化？」「我是壞孩子。」他回答說。我們接著問：「你做了什麼？」「我追打過一個小女孩。」這句話不是在懺悔，而是吹噓和挑釁。這裡是診所，專業人員都在努力地幫助他，而他卻強調自己是個壞孩子。他的言外之意是在說：「別指望我會有任何改變，小心我也朝你的肚子猛踢。」我們能拿他怎麼辦呢？他還是沉溺在睡夢中，還在扮演那個英雄。我們必須降低他從這個角色上獲得的滿意度。

「你難道真的相信，」我們問他：「你心目中的英雄會去追打一個小女孩？這是最拙劣的模仿行為吧？要當一名真英雄，就應該去挑戰高大、健壯的男孩。事實上，你根本不應該去追打任何孩子。」這只是治療的一個面向。我們必須幫他看清現實世界，並降低他對那種生活習性的熱愛，也就是潑他冷水。從那以後，他就不再喜歡這種假英雄了。

此外，我們教他要有合作的勇氣，鼓勵他在生活的積極面尋找意義。沒有人會只看消極的那一面，除非他擔心在追求積極面的路上會被擊倒。

想成為男人的年輕女性

一位二十四歲的單身女孩從事祕書工作，她跟我們訴苦，說老闆一貫欺凌弱小，令她不堪忍受。此外，她無法結識朋友，也很難維持友誼。以往的經驗告訴我們，無法維持友誼的人，總企圖要主宰別人，他真正關心的只有自己，他的人生目標就是展示優越感。她的老闆也許是同類型的人。兩位都想主宰別人，一旦相遇，必然會發生衝突。

這名女子是家中七個兄弟姊妹中最小的孩子，是父母的掌上明珠。她的外號叫「湯姆」，因為她總想成為男孩。因此我們更加懷疑她的優越感在於主宰別人；她應該認為，身為男人就能控制他人，而且不被拘束。她長得很漂亮，也覺得大家喜歡她只是因為她的美貌，更擔心被毀容或受到傷害。在這個時代，樣貌出眾的女子常會給人留下深刻的印象，也容易控制他人，這和她的情況高度契合。然而，她卻想成為男孩，以男性的方式去主宰別人。結果，她不再為了自己的美貌而自鳴得意。

她記得很小的時候受到一名男子所驚嚇，直到現在，她還是很害怕被竊賊或瘋子襲擊。想變成男孩卻又害怕被攻擊，這聽起來有點奇怪，但其實不然。這處弱點透露了她的生活目標，她希望所處的環境能滿足她的操控欲，對於其他狀況，她一概排斥。竊賊和瘋子都不可控制，她恨不得把這兩類人逐出世上。她希望用輕鬆的方式成為男孩，若不能實現，那乾脆換個輕鬆的環境。對女性身分的強烈不滿，我稱為「男性欽羨」(Masculine Protest)，它會帶來一種緊繃的感受，如「其實我是男人，但卻得克服身為女性的各種不利因素」。

能否在現實世界中找出和她在夢中一樣的感受？她屢次夢見獨自一人。她是被寵溺的孩子，而此夢的含義是：「大家應該照顧我，而不是把我孤零零地丟下，讓我身處險境，容易被人攻擊或操控。」她還經常夢見丟失了錢包，這是在提醒自己：「小心，妳恐怕有東西會弄丟。」她什麼東西都不願意失去，尤其是控制他人的權力。她選擇了一件事情「弄丟錢包」來代表生活中的所有事物。我們再次得到證明，夢是用來產生感覺，並強化生活習性。她的錢包沒有不見，但是她老是做這個夢，並留下這種感覺。

接著她講述另一個稍長一點的夢，於是我們更清楚看出她的人生態度。「我去泳池游泳，那個地方人特別多，」她說：「有人注意到，我站在那些人的頭頂上。有人看見我並尖叫了起來。我隨時可能掉落下來，非常危險。」這樣的構圖能成為一座雕像的主題：

她站在眾人的頭頂上，其他人是雕像的底座。這便是她的生活習性，也是她想要激起的感覺。

她覺得自己的處境很不安穩，而且大家都應當瞭解到她所面臨的危險。他們應該照顧她，並小心翼翼地捧在手上，這樣她才可以繼續站在眾人的頭頂上。「泳池不安全」就是她生活的核心故事。她給自己設下目標：「雖是女兒身，但要做個男人。」她像大多數么兒一樣雄心勃勃，急於展現自己的優越地位，而不是合理地應對自己的處境。她害怕失敗，時時刻刻被此陰影籠罩著。我們得設法讓她安於自己的女性角色，打消她心中的恐懼，並消除她對男性特徵的崇拜。接著讓她在周圍的人際環境中感受到友情，學會平等待人。

在意身高的女孩

有個女孩說，在她十三歲那年，弟弟於事故中喪生，她如此敘述自己的早期記憶：「弟弟還是嬰兒時，正在蹣跚學步。他抓緊椅子的邊緣想站起來，但椅子倒在他的身上。」雖然是小意外，但她留下深刻的印象，深信世界充滿危險。「我常做一個古怪的夢，」她敘述說：「我走在路上，有個洞我沒看見，走著走著我就掉進去。洞裡全是水，就在我碰到水的那一刻，我驚醒了，嚇得心怦怦地跳。」她覺得這個夢古怪，我倒不這麼認為。

她持續用這個夢來嚇自己，覺得它神祕又難以理解，彷彿在說：「小心，前方有未知的危險在等著你。」然而這個夢的含義不止這些。身居高位才會怕摔落，會夢到跌落洞裡，就一定常想著自己高人一等。就像上一個案例那樣，她內心的潛台詞是：「像我這麼傑出的人，必須小心翼翼，才不至於有什麼閃失。」

在另一則案例中我們也看到，在早期記憶和夢境中，生活習性如何發揮作用。有個女孩說道：「我小時候非常喜歡看人修建公寓。」我猜測她還是很有合作精神。小女孩當然不能去幫忙蓋房子，但由此興趣可以看出，她樂於分擔別人的工作。「我站在一扇碩大的窗戶旁邊，玻璃上的細節我記得清清楚楚，彷彿是昨天的事。」既然她注意到窗戶的規模，那麼她已知高大和矮小的相對概念。她的意思是：「窗戶那麼碩大，而我的個頭卻那麼矮小。」事實上，她的確個頭偏小，所以她對尺寸大小格外感興趣。然而，她說自己對玻璃的細節記憶猶新，那是一種炫耀。

她繼續講述其他的夢：「我跟其他幾個人一起坐在車上。」正如我們前面的猜測，她很有合作精神，樂於與別人共處。「車一直往前開，到一片樹林前停了下來。所有人都下車跑進樹林。他們大多數人都比我高一頭。」她又一次提到了尺寸的差異。「但我還是跟上他們。眾人走進一台升降機，搭到地面三公尺以下的礦井。我們想，走出升降機時，礦井裡面的毒氣會要了我們的命。」她描述到潛在的危險。大部分人都有害怕的事情，人類並非勇敢無畏。「我們安全地走了出去。」這是她樂觀的一面。有合作精神的人，通常勇敢又樂觀。「我們在礦井裡待了一分鐘，然後回到地面，迅速上車離開。」我相信這個女孩子一直都有合作精神，但心裡總覺得身材更高大些才好。她有某種緊張感，所以總是踮著腳尖。既然她喜歡與別人共處、分享共同的成果，這種緊張感自然會消失。

第六章

家庭的影響

性格的發展沒有既定的成因，
但孩子會將他的生活經歷當作理由，
以實現他想追求的目標。
因此，小時候沒被好好調教的孩子，
不見得長大就會變成罪犯，
而是取決於他如何看待那段日子。

從出生開始，嬰兒就在努力建立與母親的緊密聯繫，這是他一舉一動的主要目的。此後好幾個月，母親在他生命中佔據壓倒性的地位：他完全依賴母親。每個人都是在這種情形下開始發展自己的合作能力。母親是嬰兒接觸的第一個人，也是除了自己外，第一個感興趣的對象。為了讓孩子步入社會生活。母親架起了第一座橋樑。嬰孩必須跟母親建立緊密的聯繫，或至少要有人代替母親的位置，否則他的人生一定會走向毀滅。

母嬰關係非常親密而且影響深遠。在孩子後來的成長年月裡，其特點是出於遺傳還是教養，其實很難辨識。遺傳而來的每一種特性，都會經過母親一次又一次地吸收、訓練、教育和改造。母親在這方面的技能高低，會影響孩子各種潛能的開發。

而母親的技能，就是她與孩子的合作關係，她也得教會孩子與她互動。這樣的能力不可能透過幾個規則就培養起來。每一天都會出現新狀況，總有成千個要點必須掌握，母親得動用領悟力和理解力，才能應對孩子的需求。要純熟地掌握這種技巧，母親必須多關心自己的孩子，全力贏得孩子的愛，並確保他各方面的福祉。

從母親各方面的舉止，就可以看出她的態度。每當她抱起嬰兒、帶他走動、幫他洗澡或進行餵食，都有機會與孩子建立親密聯繫。有些母親對於這些活動不太熟練，甚至不感興趣，就會表現得笨手笨腳，嬰兒也會產生抗拒。她得學會幫嬰兒洗澡，嬰兒才不會討厭這件事。否則嬰兒不會跟母親建立親密關係，而是努力掙脫母親的照顧。把嬰兒抱到床上等各種舉動都非常講究技巧，更不得發出嘈雜的聲響。

不論是全程看顧嬰兒，或把他獨自留在房內，也非常講究技巧。她必須考慮到他所處的環境條件，如空氣品質、室內溫度、食物的營養、睡眠時間、生理習慣和衛生狀況。每時每刻她都在創造機會，設法讓孩子喜歡她、跟她建立合作關係。

為母之道沒有什麼神祕之處，所有的技巧都來自於長久的關注和訓練。身為人母的準備工作很早就開始了。針對年輕女性，第一步先觀察她對孩童的態度，以及她對嬰兒及生涯規劃的看法。因此，對男孩和女孩的教養方式必須有所差別，因為他們未來要面對的任務完全不同。要讓女孩成為技巧高超的母親，就必須讓她接受為母之道的訓練，包括喜歡母親這個角色；她必須體認到，成為母親是有創造性的活動。如此一來，等到她往後開始背負母親的責任時，就不會太失望。

母親的角色與家務的價值長期被貶低

不幸的是，在我們的文化中，母親的角色往往沒有得到充分的尊重。社會上重男輕女，男性的地位被抬得太高，女孩自然就不喜歡自己未來要扮演的角色。沒有人會樂於接受從屬的地位。女孩結婚後，面臨著生兒育女的壓力時，就會以各種方式來抗拒。她們不願意生養孩子，也沒有做好準備，並不期待這一前景。她們不認為當母親是有創造性又有趣的人生任務。

這就是我們社會的最大問題，但時至今日，沒什麼人要努力解決它。人類社會的發展全都取決於女性對「母親角色」的態度。在世界各地，女性的地位都被低估了，她們被當作次等公民。我們也發現，男孩們都把做家事看作是下等人的工作；為了男人的尊嚴，絕不可以動手做點家事。沒有人把家事管理視為女性的偉大貢獻，而是她們應該負責的苦差事。有些婦女把家務勞動看作一門藝術，也樂在其中，以此點亮並豐富她家人們的生活。從這一點來看，做家事與世上其他工作一樣有價值。

反過來說，如果做家事一直被世人當成男人不屑為之的苦差事，那女性總有一天會拒絕接受這項任務。她們會起身反抗男人，並證明這一顯而易見的根本事實：女人與男人平等，理應受到同樣的重視、擁有同等的權利，並有同樣的機會發展潛能。人要具備社會情緒，能力才會被開發出來。擁有社會情緒，女性才能走到寬廣的大道；沒有不必要的限制和約束，她們才能自由發展。

低估了女性的角色與地位，婚姻生活就很難圓滿而沒衝突。想想看，婦女若認為照顧孩子是低賤的工作，就絕無可能磨練這方面的技能，包括護理常識、理解力和同情心。小孩子在生命的最初階段要佔優勢，這些要素不可缺少。對自己性別角色不滿的女人就會設定其他生活目標，導致她無法與孩子建立良好關係。這時母親與孩子的生活方向會發生衝突。因為前者滿腦子想的是展現自己的優越性，而孩子們就成了干擾因素和障礙。每次我們遇到生活失敗的患者，總會發現他的母親沒有善盡本份，給孩子提供良好的成長環境。若每個母親都失敗，對自己的本份不滿或不感興趣，那全人類都會陷入嚴重危機。

孩子的問題源自他對成長經歷的解讀

然而，我們不能把失敗的責任歸咎給母親，她是無辜的。也許她就沒有受過與人合作的訓練，在婚姻生活中倍受壓抑，很不快樂；也許周邊環境使她感到迷茫而憂慮，甚至陷入無助的絕境中。家庭生活要美滿，就得排除許多干擾因素。母親身體不好的話，就不能跟孩子一起做點事、有更多互動。職業婦女回到家後就精疲力竭，但不去賺錢的話，孩子的飲食、衣著和健康都會出問題。決定孩子發展的不是他的經歷，而是他從成長過程中得出的結論。

在調查問題兒童的成長背景時，我們發現他和母親的關係有不少問題。但我們又發現，面臨同樣的問題，也有些孩子表現得很好。在此重申個體心理學的基本觀點：性格的發展沒有既定的成因，但孩子會將他的生活經歷當作理由，以實現他想追求的目標。因此，小時候沒被好好調教的孩子，不見得長大就會變成罪犯，而是取決於他如何看待那段日子。

不難理解，對自己的性別角色不滿的女性，會承受多少壓力和煩惱。我們都知道，女人在奮力展現自己的母性時，會爆發出驚人的能量。研究指出，母親會保護自己的孩子，這是她最顯著的天性。就連在老鼠和猴子這些動物的身上，母性的本能驅動力比性欲和饑餓時的食欲還強。動物若有機會選擇自己的驅動力，母性一定是首選。重點在於，這種天性的基礎不是性欲，而是合作精神。

母親常常覺得孩子是自己的一部分。透過孩子，她找到自己在生活中的定位，還發現自己能掌控生與死。每一位母親來說，孩子為她們帶來創造生命的感覺，雖然程度上有所不同。基本上，母親感覺自己就像創世的上帝，從虛無中創造出鮮活的生命。實現母性是人類追求優越感的一個面向，也是神聖的人生目標。母性是最具體的範例，說明人會以最深刻的社會情緒，為了他人的福祉而奮鬥。

當然，母親也有可能誇大「母子相連」這種情感，從而把孩子變成展現她個人優越感的工具。這種母親會試圖讓孩子依附於她，並控制其生活，這樣孩子就永遠會留在自己身邊。

有位七十歲的農婦，她兒子已經五十歲了還住在家裡。母子兩人同時感染肺炎，結果母親活下來，兒子被送進醫院卻沒有被救活。人們告知兒子的死訊時，這位老太太回應說：「我早就知道，我不可能平安養大這孩子。」她覺得自己該承擔兒子的整個人生，而不是設法讓他融入社會生活。可想而知，母親一定要擴大她和孩子間的密切關係，引導他與周邊的人平等交流，才不致釀成巨大的錯誤。

所謂的伊底帕斯情結，都是被寵出來的

母親要處理的人際關係並不簡單，而她與孩子的親密關係也不宜過分強調。這樣對孩子和母親都有好處。過於強調一個面向，就會連帶影響其他的問題；只要一不注意，原本所關注的問題就會更加難解。

母親不僅跟孩子有緊密的關係，與丈夫和整個社會生活都有連結。這三重關係必須以平等的角度去關注；母親必須運用常識，平靜地面對它們。母親若只考慮她與孩子的關係，就一定會寵壞孩子，其獨立性以及合作能力將難以發展出來。

母親成功建立與孩子的親密關係後，下一個任務是把孩子的焦點擴大到父親身上。有些母親對孩子的父親也缺乏興趣，那這個任務就不可能完成。母親還要讓孩子的焦點擴大到周邊的社會生活，包括兄弟姊妹、親戚朋友直到廣大的民眾。母親有雙重目標，首先她要讓孩子體驗到，母親是值得信賴的夥伴；其次，她得試著把這份信任和友誼向外擴展，最終覆蓋到整個社會。

有些母親只顧著讓孩子對她們感興趣，孩子長大後便會討厭與人接觸，更不想關心別人。他只希望從母親身上獲得支持，若有人要爭取母親的注意力，都得視為敵人。母親對父親或他的兄弟姊妹多關心一點，他就會覺得自己的權利受到侵害，甚至會產生這種觀念：「媽媽是我所獨有，不屬於任何人。」對於這樣的狀況，今日大部分心理學家都有所誤解。

比如說，在佛洛伊德的理論中有所謂的伊底帕斯情結：孩子都想愛上自己的母親，還希望與其結婚，並仇恨父親，欲殺之而後快。但只要瞭解兒童的發展過程，就不會產生這樣的誤解。伊底帕斯情結只可能出現在一種孩子身上：他渴望佔有母親的全部注意力，其他人都不能染指。但這種欲望跟性沒什麼關係，只是亟欲在各方面控制母親，把她變成下等的僕人。會懷有這種欲望的，都是被母親寵壞的孩子。他們對世上其他人從未產生同胞之情。

在一些罕見的案例中，我們會看到某些男性只跟母親保持互動，還將母親視為婚戀對象的範本。這種人生態度所隱含的意義是：他無法想像與母親之外的人合作，沒有女性值得他信賴，會像他的母親一樣順從。因此，伊底帕斯情結根本就是後天的錯誤教養方式造成的。我們沒有必要假設人有遺傳而來的亂倫本能，或猜想這種越軌行為是源自於性欲。

有些母親總是把孩子束縛在身邊，一旦母子不在一起，孩子就會不斷製造麻煩。孩子去學校或跟其他孩子在公園玩耍時，總是想著要和母親在一起，只要母子一分開他就十分煩惱。他總是想把母親拖在身邊，佔據母親的思緒和注意力。他有許多手段可以施展，比如當母親的小寶貝，柔弱無助又招人憐愛。他隨時隨地都能放聲大哭，也常常生病，以表明他多麼需要照顧。另一方面，他也會大發脾氣，表現得很不聽話，或跟母親大吵大鬧，只是為了得到她的關注。上萬個問題兒童都是被寵壞的孩子，他們千方百計要牢牢抓住母親的注意力，拒不接受外界的一切要求。

為了有效佔有母親的注意力，孩子想出各種花樣，也很快就駕輕就熟。被寵壞的孩子通常都害怕獨處，尤其不敢待在黑暗的環境中。他們不是怕黑，而是企圖利用這種恐懼心理把母親吸引過來。

有個被如此寵壞的孩子就總是在黑暗中啼哭。有天夜裡，母親聽見哭聲就過來問他：「你為什麼害怕呢？」「因為太黑了。」他回答說。但是母親看透了孩子的意圖。「我來了，」她說：「還怕嗎？」那無關緊要，怕黑只是意味著他不願意跟母親分開。跟母親一分開，他就會喚起全部的情緒，力氣和想法去製造氣氛，逼迫母親回到他身邊，重建母子的親密連結。為了達到這個目的，他會尖叫、大聲呼喊，還會睡不著覺，或採取別的手段製造聲響。

他們有種手段時常吸引教育者和心理學家的注意，就是表現出害怕的樣子。從個體心理學的角度來說，我們不打算找出引起害怕的原因，而是設法看出背後意圖。被寵壞的孩子都有膽小的特徵，這樣才能成功吸引大人的注意力。於是他們就把恐懼不安編進生活習性中。他們充分利用這種手段來有效重建與母親的親密關係。膽小的孩子都被寵壞了，老是期待再次被撫慰。

有時，這些孩子還會做惡夢，在睡夢中大聲哭叫。這種症狀很常見，但如果大家堅持睡眠與清醒是相反的狀態，那就無法理解這種症狀。一般的見解是錯的，睡眠和清醒其實不是互為矛盾；睡眠是某類型的清醒狀態。

孩子在睡夢中的行為舉止和在白天時一樣。他還是想創造有利的局勢，所以整個身心都受到影響，在經過幾次訓練和實踐後，他就能找到最有效的手段來達成目的。即便在睡夢中，各種利己的想法、圖像和記憶也會湧入心靈。經驗老道的小孩很快就發現，想要恢復和母親的親密接觸，表現出害怕的樣子最有效。這些被寵壞的孩子長大後，還常常做令人恐懼又焦慮的夢。為了贏得母親的注意力，這些手段從小到大屢試不爽，成年後就變成習慣。

這種害怕情緒的意圖太明顯了。被寵壞的孩子一定會在夜間折騰家長，很少有例外。吸引注意力的手段跟劇碼還很多：嫌睡衣不好穿、在夜裡吵著要喝水、害怕竊賊或野生動物、沒有父母陪伴就不能入睡、惡夢連連、從床上掉下來，甚至還會尿床。我醫治過一個被寵壞的孩子，她在夜裡不吵不鬧。她的母親說她睡得很安穩，不做惡夢也不會在半夜醒來，不會製造任何麻煩，反正她在白天已經鬧夠了。這種情況聽起來讓我感到非常驚訝。我羅列了各種症狀，看她是否想吸引母親的注意力、死守母女關係，但沒有一項符合。

最後我想起了一種可能。我問這位母親：「她在哪裡睡覺？」她答道：「和我一起睡。」

病床是被寵壞孩子的避難所，因為他們生病時能夠比平常更加頑劣而驕縱。不少孩子在生病後開始有任性舉動，甚至看上去像問題兒童。等他們康復後，不時就會做出生病期間的胡鬧舉動。孩子被寵溺到無法無天，母親不能再縱容，於是孩子就做出許多問題行為，以示報復。

有的孩子發現，生病就能成為家中的焦點，於是他也想生病，甚至去接觸鄰居生病的孩子，希望能被傳染到病毒。

有個女孩在醫院裡住了四年，醫生和護理師都把她寵壞了。出院後，她回到家的頭幾天，父母還是很寵溺她。可是過了幾個星期，他們對她的關注便降低了。如果她的某個要求得不到滿足，就會把手指伸進嘴裡說：「我是住過院的。」她提醒大家自己曾是病人，並想延續享受過的特殊待遇。大人也有類似的行為，不時會談論自己得過的病，或者接受過的手術。

從另一方面來看，也有一些孩子生病時跟父母耍賴，病癒後就恢復常態，不再找麻煩。前面講過，對孩子來說，生理缺陷是沉重的負擔，但僅是這個因素，還不足以解釋孩子性格上的缺點。因此我們懷疑，「治療生理缺陷」與「改善性格」這兩者並沒有必然關係。

有個孩子在家中是老二，他不斷給大人製造麻煩：撒謊、偷竊、翹課，個性粗暴又不服管教。老師不知道怎麼教他，只能威脅要把他送進少年觀護所。就在這時孩子病倒了，他罹患髖關節結核，上石膏在巴黎躺了半年。他恢復健康後，變成家中最乖的孩子。難以相信，這場病能產生如此奇妙的作用。後來他明確地告訴我們，在那段時間他體認到之前的錯誤。以前他總認為父母偏袒哥哥，自己被忽視了，但生病期間他發現自己成了焦點，備受眾人的關愛和照顧。這孩子夠聰明，馬上反省到「我總是被忽視」這想法不對，很快就轉念了。

婚姻狀況對孩子造成的影響

有些人認為，既然母親常犯錯誤，我們最好把孩子帶走，交給護理師或專門機構來照顧。這種意見很荒謬。無論我們找哪誰替代母親，都是在找人扮演母親的角色；孩子對她感興趣，就像對母親的感情一樣。既然如此，訓練孩子的親生母親還比較容易。

在孤兒院長大的孩子不大會關心別人，因為沒人替他們搭起與外界交流的橋樑。對於在院內發育得不太好的孩子，有人做過試驗：他們找護理師或修女來當保母，或把這些孩子送進寄養家庭，讓養母照顧他們。

結果證明，養母挑選得好，孩子的成長就會更順遂。養育孤兒的最好辦法是找到父母親的替代者，讓他們享有美好的家庭生活。因此，把孩子從父母身邊帶走，就得找到能圓滿完成教養任務的替代者。許多問題兒童是孤兒或私生子，或是出自父母離異的家庭。由此可知，母親對孩子的關愛和關注非常重要。

天下皆知，繼母難為，繼子女常跟她作對。但問題並非不可解決，我看過幾個成功的繼母，但是女性大多不理解那種處境。親生母親過世後，孩子會把注意力轉向父親，並得到對方的寵愛。父親再婚後，孩子覺得他的心思都轉到別人身上，因此就會攻擊繼母。繼母當然會還擊，孩子覺得很委屈，並認為那是在挑釁，於是更加猛烈攻擊她。跟孩子宣戰必輸無疑；他們不會被擊敗，就算輸了也不會乖乖合作。在這種博弈中，弱者才能笑到最後。長輩要孩子聽話，但孩子拒絕配合的話，硬逼他們也沒有用。若世人都瞭解到，愛與合作強迫不來，就不會再白費力氣去製造那麼多緊張對峙的關係。

父親在家庭的地位與功能與母親旗鼓相當。一開始，他與孩子的關係不是特別親密，其影響要在以後才會逐漸顯現。

前面提到，母親一定得將孩子的焦點引到父親身上，否則後患無窮，孩子社會情緒的發展會充滿阻礙。此外，夫妻婚姻不美滿的話，孩子也會陷於危險的處境。母親無法將父親融入家庭生活，就想獨自佔有孩子。夫妻都把孩子視為婚姻大戰的棋子，都想把他搶過來，想擁有他全部的愛。

孩子發現父母間的紛爭後，很快就用它來提升自己的地位。家庭變成戰場，看誰能控制孩子、贏得孩子的心。在這種氛圍下，孩子不可能有機會培養出合作精神。他最常觀察的人際關係就是他的父母，既然父母的互動乏善可陳，就不能指望孩子學會合作關係。更大的問題在於，孩子對婚姻以及伴侶的認知就是來自於對父母婚姻的印象。在這種家庭下長大的孩子，除非有機會修正這些印象，不然他們對婚姻的看法就會很悲觀，認定夫妻最後都會分道揚鑣。他們會設法迴避感情之事，並深信自己無法和任何異性交流。

父母的婚姻應該符合社會生活的標準，除了體現出合作精神，也要為孩子的社會化做好準備，否則他們各方面的成長就會受到阻礙。婚姻的含義是，兩個人為了彼此、孩子以及社會的福祉建立夥伴關係，只要當中有一項失敗，就不符合世俗的標準。

既然婚姻是一種夥伴關係，雙方地位平等，那相處時就不能依賴慣性，言行都必須深思熟慮。家庭的運作不應該借助於威權，成員中不該有人特別有權力或受到照顧，否則家庭不會美滿。有些父親非常跋扈，會掌控家中所有成員，兒子因此形成錯誤的觀念，認為男人就應該這樣。而女兒所遭受的痛苦更甚，在將來的人生道路上，她們會把男人當成暴君，婚後會被對方奴役和壓迫。

有些孩子因此性情變得乖張，以保護自己免於異性的欺凌。有些母親在家中像個獨裁者，對所有人頤指氣使，那女兒就會跟著模仿，變得尖酸又刻薄。相反地，兒子害怕受到指責，所以會變得小心翼翼、防備心極強，以防有人想要控制他。

除了強勢的母親，姊姊、阿姨或姑姑也會加入控制男孩的聯合陣線。男孩在憋屈的環境下成長，再也不想有所作為，也不願意加入社會生活。他深信女性全都是咄咄逼人、吹毛求疵的生物，所以恨不得擺脫她們。當然，沒人喜歡受指責，但他不該把「躲避批評」當成生活第一要務，那會阻礙他與社會的各項交流。他對每一件事的看法和判斷，都只依照自己的認知模式。「我是征服者還是投降者？」他把人際關係的價值簡化為「輸和贏」；我們絕對不可能跟這種人建立平等的友誼。

父親所扮演的角色

為父之道可以用幾個要點來概括：成為妻子、孩子和社會的好夥伴。妥善處理人生三大問題：職業、友誼和愛情。以平等的角度與妻子相處。好好保護家人。尤其他不應該忘記，女性在家庭生活中的角色無法取代，所以他不該打壓妻子，而是與她通力合作。

在金錢問題上，我們要強調的是，就算父親是家中的經濟支柱，他的收入也要列入全家的財產。他絕對不該展現出施捨的樣子，彷彿其他家人只會坐享其成。在理想的婚姻關係中，丈夫賺錢養家只是家務分工的一環。有很多父親用自己的收入作為統治家庭的手段，但家裡不應當有統治者，任何不平等的待遇都最好避免。

每位父親都應當留意這個事實：社會文化過度強調男人的特權和地位，妻子在婚後都害怕被掌控，因而處於弱勢的地位。父親也應提醒自己，雖然妻子無法和他一樣賺錢養家，但也沒有理由歧視她。無論妻子是否在經濟上有所貢獻，只要家裡有分工關係，那麼不管是誰賺錢、財產屬於誰都不重要。

孩子受父親的影響非常巨大，一輩子都在意他的目光，要麼把他當作偶像，或是最大的敵人。懲罰（尤其是體罰）一定會對孩子造成傷害，非友善的教養方式都是錯的。可惜的是，懲罰孩子的任務通常都落在父親身上。我們有足夠的理由說明為什麼這種現象很不妥。

首先，對母親來說，這意味著女人沒有能力教好孩子，她們是弱者，需要強而有力的父親來支援。母親對孩子說：「等你爸回來收拾你。」這句話就是告訴孩子，男人掌握實權，他們是最終的權威。親子關係也因此受到影響，孩子懼怕父親，而不是把他當作好朋友。有些母親擔心自己懲罰孩子後，就會失去他們的愛，但是把此任務轉給父親也不是解決之道。就算母親出手，孩子還是會埋怨她們。如今，還是有很多母親用「告訴你爸爸」來威脅孩子，迫使他們聽話。但孩子觀察男人所扮演的生活角色後，會得出什麼結論呢？

有些父親以務實的態度來面對人生三大問題「職業、友誼和愛情」，他們成為家中的主幹，是好丈夫和好父親。他們平易近人、朋友眾多。他會先把家人變成自己社交生活的一環，然後才去結交朋友。他不孤立，也不會被傳統的觀念所束縛。他容許外來的因素進到家裡，好讓孩子學習有益的社會情緒和合作能力。不過，丈夫和妻子的朋友圈若不相同，就難免會有一些風險。因此，他們的社交領域最好還是重疊，以免兩人有什麼隔閡。

當然我不是說夫妻做什麼事都要一起、不可單獨行動，只是要強調交友情況不該有所隱瞞。有些丈夫不想把妻子介紹給自己的朋友，那夫妻的交流就會出問題。也就是說，丈夫的社交重心就在家庭以外了。最好讓孩子瞭解，家庭是龐大社會的細胞之一，外界也有很多值得信賴的夥伴；這種安全感對他們的成長極有幫助。

有些男人跟自己的父母、兄弟、姊妹能和睦相處，具有傑出的合作能力。當然，有天他們得離開原生家庭去獨立生活，但跟親人的感情還很好，不會與之斷絕來往。

有些男女婚後仍依賴自己的父母，並高度看重與原生家庭的聯繫，所以他們一說起「家」，都是指原本的家庭。他們還是把自己的父母當成重心，所以無法發展婚後的家庭生活。此問題牽涉到人的合作能力。

有時男方的父母嫉妒心太強，想要瞭解兒子全部生活，因此對新家庭造成不少麻煩。妻子沒有得到足夠的尊重，對於公婆的干涉更是惱火。若當初是男方違背父母的意願去結婚，就更容易發生這種狀況。男方父母的判斷或許沒錯，且在兒子結婚前，他們也有反對的權利。但是兒子結婚後，他們就只剩下一個選項：竭盡所能地幫忙，讓兒子的婚姻更加美滿。

親子間的分歧無可避免，兒子也應當能理解，不必為之憂心忡忡。他應當把父母的反對態度當成一種意見，然後盡己所能地去證明自己的選擇是正確的。夫妻沒有必要屈從各自父母的意願。雙方家長能合作當然最好，妻子便會覺得公婆有關心她的幸福和利益，而不是只關心自家人。

眾人對父親這個角色的期望，都落在職業的選擇。他必須有良好的專業技能，才能養活自己和家庭。同時間，妻子應該成為賢內助，孩子稍大後也該幫忙做家事。在當前的文化下，經濟責任主要落在男人的肩上。要達到這個標準，男人必須認真工作、勇敢進取。他得深入瞭解自己的職業，清楚它的優勢和劣勢，發揮專長與同僚攜手合作，並獲得對方的讚賞。

父親的職業有很多種意義，他的決定能成為孩子的典範，有助於他們去思考職業選擇的問題。因此，父親必須做好功課，成功地找到職涯方向。理想的話，他所從事的工作便能造福社會、增進人民福祉。至於這份工作是否有用，個人的看法並不重要，實際上符合社會要求就好。我們不需要聽他說了什麼，也希望他不要自認是自私自利的人，但如果他做的事情確實有利於社會大眾，那也就沒什麼大問題。

父親不應該是一家之主

接著來討論愛情和婚姻的問題。如何建立幸福而有意義的家庭生活？身為丈夫的首要標準是，他必須關心自己的伴侶，這很容易看出來。他應該關心對方，在乎另一半所感興趣的事情，並主動把對方的福祉當作自己的任務。要做到這一點，光有愛還不夠；感情好的人太多了，但不代表他們相處融洽。丈夫應像革命同志一樣，他樂於取悅妻子，並設法讓兩人日子過得輕鬆愜意。夫妻把二人世界的福祉看得比自己的利益還高，才能創造合作關係。也就是說，兩人關心彼此的程度必須超過個人的層次。

丈夫不該在孩子面前表現太多對妻子的愛。誠然，夫妻之愛與親子之情不能相提並論。這是兩種不同性質的愛，不能有所衝突。夫妻在孩子面前表現得卿卿我我，孩子會覺得自己被排擠了。他們會產生妒意、製造紛爭。

關於性的議題，父母必須嚴肅以對。講解時，父親對兒子、母親對女兒，且不要主動提供資訊，先詢問孩子希望瞭解的議題，並考慮到其年紀所能理解的程度。在這個時代，有越來越多父母向孩子灌輸他們不能迅速領會的知識，讓孩子產生不恰當的興趣和感覺。父母草率完成任務，彷彿性生活是稀鬆平常的小事。但這種時髦的做法沒有比較高明，正如老派的人會欺騙孩子，對一切性事諱莫如深。

最好的方法是瞭解孩子想要知道的事情，然後量身定做，而不是從我們的角度去強迫他接收。我們所認定的一般常識，不一定適合孩子的程度。為了建立孩子的信任感、尊重他的感覺，就要與他合作，讓他知道，我們樂於幫助他去解決各種問題。這樣一來，我們才不會犯錯。順便說一下，有些父母擔心孩子會從同學那裡聽到不入流的性知識。別擔心，孩子若能培養出良好的合作能力和獨立性，就不會被同學流傳的偽知識所影響。他們的頭腦敏銳又仔細，不會被同齡的孩子誤導。「街頭傳聞」傷不了有獨立思考能力的孩子。

在當前的社會裡，男人參與社會生活的機會比較多，所以更能瞭解社會體制的利弊，瞭解世界各國的道德文化。他們的活動範圍比女性更廣闊，所以在這些議題上，就成為妻子和孩子的顧問。但他不該吹噓自己的見識有多廣，也不該自以為了不起。他不是家人的導師，不該製造對立情勢。提出建議時，他應該像朋友一樣，樂於看到對方接受他的看法。如果妻子不能接受建言，而她又不曾培養過合作精神，丈夫就不應堅持自己的觀點，或者企圖展現權威。他應該設法化解妻子的反對立場，否則光吵架是達不到共識的。

夫妻不該事事都只講錢，或讓它成為爭吵的主題。一般來說，妻子沒有收入的話，會對金錢問題比較敏感；丈夫若指責她們揮霍浪費，她們會感到很受傷。擬定財務計畫時，全家人要一起討論，且不可超出父親的經濟能力。妻子或孩子都沒有理由鋪張浪費，讓丈夫承受太大的經濟壓力。全體成員應該在開支問題上達成協議，才不會有人覺得自己在接受施捨，或受到不公平的待遇。

而父親不該認為用錢就能保障孩子的未來。我讀過一本美國作家寫的有趣小冊子，內容談到，有位出身寒門的富人，他希望後世子孫都能擺脫貧窮和困頓，於是去諮詢律師該怎麼做。律師問他，家族富貴要延續幾代，他才會感到滿意。富人回答說，他自認為有能力讓十代子孫不愁吃穿。「是的，你做得到，」律師說：「但你想過沒有，對第十代子孫而言，上面有五百多位祖先，他們都跟你一樣重要嗎？這五百人的家庭都有權利說那第十代子孫是他們的後人。那麼請問，他還是你的子孫嗎？」由此我們再次看到這個事實：無論我們為後代做什麼事，都是在為整個社會服務；我們無法割斷與同胞的連結。

家中沒有獨裁者，所有成員都要攜手合作。父親和母親應該通力合作，在重大教育問題上達成共識。更為重要的是，父母不能偏愛某個孩子，那會造成深遠的負面影響。

父母不可偏袒某個孩子

兒童時期的挫折感，起因大多是，我們覺得其他兄弟姊妹比較受寵。有時這種感覺並沒有根據，只要父母創造平等的環境，就不會釀成紛爭。父母重男輕女的話，女兒的自卑情結就無法避免。孩子非常敏感，不管他有多優秀，只要懷疑父母偏袒其他兄弟姊妹，就會走上錯誤的人生道路。

當然，有些孩子的成長比較快，或在某方面較為卓越，那父母就難免會更喜歡這孩子。父母應憑著豐富的閱歷和技巧，避免表現出偏心的樣子，否則這個一馬當先的孩子會讓其他兄弟姊妹相形見絀並增加無能感。他們滿懷妒意，並懷疑自己的能力，合作精神因此減弱。父母除了不偏心，還應當細心留意，看是否有哪個孩子懷疑別的兄弟姊妹較受寵。

現在我們討論來同樣重要的家庭議題，也就是孩子間相互合作。孩子們覺得人人平等，才會對社會事務感興趣，並為將來的人生打好基礎。男孩和女孩沒有獲得一視同仁的待遇，未來兩性關係就會持續不斷惡化。很多人問：「為什麼同個家庭裡出來的孩子彼此差別這麼大？」一些學者解釋說，那是遺傳差異使然，但這種說法跟迷信沒兩樣。

打個比方，孩子就好比一片森林裡的小樹，每一棵的具體處境都不盡相同。一些小樹長得快是因為照到的陽光比較多，土壤條件好一些。然而它們會影響其他小樹的生長，包括擋到陽光，其樹根還會向四周擴張，奪走土地的養分。其他小樹因此發育不良、長得矮小。在家庭中，如果某位成員特別受寵，也會有這種情況。

前面已經提到，無論是父親還是母親，在家中都沒有至高無上的地位。有些父親在事業上十分成功、非常幹練，孩子便會覺得達不到他的成就，無能感會加劇，對生活的興趣也會減低。正因如此，很多名人孩子的表現反倒會讓父母和社會失望；他們看不到希望，自認追不上父母的成就。因此，如果父親在工作中取得巨大的成就，在家中就應當保持低調，否則孩子的發展會受限。

兄弟姊妹間也是如此。其中一個孩子某方面格外出色的話，就會獲得最多的關注和偏愛。他本人當然樂於接受，但其他孩子一發現父母偏心，就會非常生氣。他們會忿忿不平，無法忍受不公平的待遇。因此，這個優秀的孩子會毀了其他兄弟姊妹的發展。事實上，他們在成長過程中，內心會一直感到很匱乏。為了追求優越感，他們無法停下腳步，一刻也無法休息。甚至有些人會偏離正軌、脫離現實，對社會一點助益都沒有。

透過個體心理學的理論架構，我們更能按照出生順序去探究孩子的優勢和劣勢。為了簡化研究架構，我們假設父母合作無間，盡心盡力教育和訓練孩子。家中每個孩子的地位不盡相同，在成長過程中面臨的情形也都前所未有。必須重申：雖然待在同一個家庭，但每個孩子的情況都不一樣，其表現出的生活習性都是來自於自我調適，以適應獨有的環境。

長子：不斷想奪回愛與注意力

家中的第一個孩子，有段時光是獨生子，突然間，他得接受老二出生的事實，於是得調整自己，以因應新局面。第一個孩子受到過多的關注和溺愛，習慣在家中成為焦點。他一發現這個中心位置突然被剝奪後，就不知怎麼面對。第二個孩子出生後，老大不再是家中唯一的寶貝，他必須和兄弟姊妹爭寵。這一變化對他造成很大的影響。不少問題兒童、精神病患者、罪犯、酗酒者和心理變態者都來自這種環境。他們是家中的老大，老二出生後，感到危機重重，包括在家中的特權被剝奪，而他們生活習性的發展因此大受影響。

老二、老三等孩子也會經歷失寵的過程，但他們的感受不會那麼強烈，因為他們得學著跟老大共處。他們從一出生就不是唯一受關注和照顧的對象，但對老大來說，其他孩子出生就像變天一樣。弟弟妹妹出生後，他確實受到父母忽視，自然無法心平氣和地接受這一事實。若他心存怨恨，旁人也無權指責他。

當然，父母若能確保他繼續享有寵愛，讓他感到地位安穩，他心情就會好過一點。更重要的是，讓他做好準備迎接弟弟妹妹，學著和父母一起照看弟弟妹妹，那他就可以安然無恙地度過危機。但是，通常老大沒有做好準備，而新出兒一定會奪走大人的注意力、關注和疼愛。他會努力把母親拉回自己身邊，試圖重新獲得她的關注。兩個孩子你搶我奪，都想獲得更多的關注。而老大在各方面比較有力，鬼點子也較多。他會怎麼做不難猜；在那種處境下，為達成自己的目標，大家都會做一樣的事。

比如說，我們會想辦法去煩母親或惹她生氣，故意展現性格，讓她無法忽視我們。老大會玩這些花招，不惜動用最粗魯的手段，耗盡母親的耐心。母親厭倦他製造的種種麻煩後，他開始體驗到不再被愛的滋味了。他為了爭奪母親的愛而戰鬥，卻反而失去母親的愛。本來他感到自己失寵了，現在他種種行為的結果卻加速自己被邊緣化。他證實了自己的預言：「我早知道是這樣。」他覺得問題出在別人身上，只有自己才是對的。他落入惡性循環，越是掙扎，處境反而越糟糕。既然一切現況都顯示出他的猜想無誤，那他只好繼續抗爭下去。

對於這一類的家庭紛爭，我們應該深入研究當事人的處境。母親回擊的話，孩子會變得暴躁、粗野、吹毛求疵且不服管教。他不斷與母親起衝突，這時父親會給他恢復受寵的機會。於是他把目光轉向父親，一心要獲得他的注意力和關愛。因此，隨著年紀增長，他會更加喜歡父親，還會跟他站在同一邊。只要孩子開始偏愛父親，就進入了成長第二階段。從小他就依賴母親，但不再受疼愛後，他便把這種情感轉到父親身上，以此來譴責母親。因此，會偏愛父親的孩子，應該都經歷過某種磨難：他覺得自己受輕視，不再被當回事。對此他耿耿於懷，生活習性都建立在這種感覺上。

這樣的抗爭會持續很久，有時一輩子都不會結束。孩子學會了抗爭後，在任何情境下都出現抗拒的反應。沒有人能激起他的興趣。他心裡所有的希望都熄滅了，並相信自己不可能贏得任何人的感情。暴躁易怒、內向保守、難以合群就變成他的性格特徵。孩子漸漸走向社交孤立。他的一切活動和言行舉止都受過去所影響，並始終惦記著受寵的那段時光。由於這個原因，家中的長子都會更加留戀過去的時光。他們喜歡回望、談論、緬懷過去的日子，對未來充滿悲觀。

有些孩子失去小王國的統治權後，更加體會到權力和威權的重要性。長大後，他熱衷於操弄權勢，還把法令規章擺到至高的地位，一切都要照章辦事，毫無彈性可言。他認為，身分特殊的人才配得上享有權力。可想而知，在童年經歷的影響下，有些人會走向保守主義。若他們在社會上掙得不錯的地位，就會整天疑神疑鬼，心想有人將緊追在後，準備奪走自己的權勢。

長子的處境是非常特殊的議題，只要當事人懂得善加利用，就能轉弊為利。弟弟妹妹出生時，老大若已學會與人合作，就不會感覺受到傷害。有很多長子都願意主動去保護並幫助他人。

他們仿效父母，時常在弟弟妹妹面前扮演照顧者的角色，照看並教導他們的言行，主動擔負起保護他們的職責。有的人還表現出卓越的組織才能。這些都是很好的現象。不過這種照顧的意圖也會走偏，有些兄姊對弟妹的掌控欲比較強，不讓他們有自主性。依我在歐洲和美國的經驗來看，問題兒童中比例最大的是長子，次之為么子。他們處於頭尾兩端，專門製造極端的問題；這真是個有趣的現象。目前為止，我們的教育方法還沒成功解決長子所面臨的困境。

次子：加足馬力，總想迎頭趕上哥哥姊姊

老二的處境跟其他兄弟姊妹的狀況截然不同。從他一出生開始，就跟別的孩子分享大人的注意力，因此比老大更容易學會合作。他所處的環境就是個更大的人際圈，如果老大不跟他作對、不處處打壓他，他的處境其實不錯。最有意義的條件在於：他在童年時代都有先行者相伴，從年齡和各方面的發展上來說，前面都有人供他模仿和追趕。

典型的老二很容易識別出來。他的一舉一動都像是在參加競賽，彷彿前方有人超過他兩三步，得努力迎頭趕上。他始終開足馬力、不斷訓練自己，必要超越老大、打敗他。《聖經》中有很多精彩的心理學洞見，雅各的故事便生動呈現出典型的次子形象。他渴望出人頭地，想擊敗哥哥以掃，取代他的地位。老二若發現自己居於人後，會非常不高興，於是拚命超越擋在他前面的人，以獲得成功。老二通常比老大更聰明、更有成就。之所以會有如此發展，遺傳不是最關鍵的因素，只是由於他付出更多努力。即使長大後離開原生家庭，他還是會繼續尋找並仿效某個先行者，努力趕上這位遙遙領先的優秀人物。

這些特徵在他清醒的狀態下會出現，就連在睡夢中也會輕而易舉地浮出來。長子常夢見自己從高處墜落，因為他們原先處於最高的位置，但無法繼續保持優勢。相反，次

子常夢見自己在賽跑、追趕火車或參加自行車比賽。一聽到這種你追我趕的夢境，我們不難猜到當事人是老二。

然而我們必須說，這樣的規律並非固定不變。最先出生的孩子不一定表現得就像個老大，起決定作用的是具體環境，而不是出生的先後次序。在一個大家庭裡，後出生的孩子處境和老大相類似。舉例來說，老大老二出生的時間比較接近，其後隔了較長的時間，老三才問世，然後又有兩個孩子相繼出生。在這種情況下，老三就可能表現得像長子，而典型的次子特徵會出現在老四或老五身上。總之，不管有多少兄弟姊妹，只要當中兩個孩子出生時間相近，那前者就會有長子的特徵，而後者會像次子。

如果老大在競爭中落敗，就會成為問題兒童；如果他保持領先位置，能壓制住弟弟妹妹，那製造麻煩的就是老二。若老大是男孩、老二是女孩，那前者的日子會難過一些，因為會被女生超越。以當今的社會眼光來看，會令人感到極其丟臉。

兒子和女兒的競爭非常激烈，遠勝過於兄弟間或姊妹間的角力。女兒有先天優勢，在十六歲前，女孩在身體和智力的發育都超過男孩。遇到此種情形，做哥哥的會放棄競爭，變得懶散而一蹶不振。他會透過一些旁門左道來獲得征服的快感，比如吹牛或撒謊。一看到這種情況，就能肯定妹妹取得了勝利。男孩走上種種歧途，而妹妹卻輕鬆解決各種問題，取得令人驚歎的進步。

這種困境可以避免，但家長必須預先洞察到危機，並在造成損害前採取防範措施。想避免家庭失和，只有一個前提：所有成員平等合作，沒有競爭的氣氛；孩子不會感到有敵人在威脅自己，所以沒有必要花時間去反抗。

老么：不是大好就是大壞

弟弟妹妹出生後，每個孩子都會失去在家中的優勢。老么就沒這個煩惱，他沒有弟弟妹妹，還有很多帶路人。他是家中最受寵愛的寶貝，處境有好有壞。他多方面受到刺激和鼓舞，面臨的競爭壓力也很大；他的發展和進步異乎尋常，把哥哥和姊姊都甩在身後。

在人類歷史上，么子的地位從沒有變過。在許多古老的故事裡，最小的孩子總能贏過他的哥哥和姊姊。在《聖經》中，最後獲勝的總是么子。在〈民數記〉中，約瑟就是傑出的範例，儘管他出生十七年後又有了弟弟便雅憫，但他的人生沒有受到影響。

約瑟的生活習性符合典型么子的特徵。他努力並維護自己的優越感，連在夢中都沒有改變。跟他相比，兄長相形見絀，不得不低眉順眼。他們和約瑟一起生活，很清楚他的生活態度，因此也理解他夢境的含意；約瑟在夢中所激起的感覺他們也有過。他們害怕約瑟，心想必除之而後快。然而約瑟卻從么兒一躍成為家中的魁首，還成為家族的頂樑柱。

么子常成為家族的頂樑柱，這絕非偶然。許多故事都在傳頌幼子的力量。事實上，他處於有利的地位，不但從母親、父親和哥哥身上得到協助，多方面的因素也激發他的雄心，推動他不斷前進；而且背後沒有人會陷害他，或試著分散他的注意力。

然而我們也已提到，問題孩子比例居次的就是么子，原因通常出於全家人的溺愛。過度受寵的孩子永遠也無法獨立，他喪失勇氣，無法依靠自己的努力去獲得成功。么子總是雄心勃勃，但無能感又很強烈，所以變得非常懶散；他的雄心過於高遠，所以看不到實現它的一絲希望。有時他不願意承認自己有什麼抱負，原因便在於他事事都想獨佔鰲頭，希望自己不受限制又獨一無二。不難理解，么子總會有低人一等的自卑感，因為周圍的所有人都比他年長、強壯而富有經驗。

獨子：與人合作是人生最大的課題

獨生子有他自己的問題。他有競爭對手，但不是兄弟姊妹，而是自己的父親。母親寵愛獨子，更害怕失去他，總是把他留在自己的關注範圍內。因此孩子會產生所謂的「戀母情結」，他整天繞著母親的圍裙轉，想把父親掃地出門。要避免這樣的現象，父母就得合作無間，讓孩子對他們都感興趣。

然而在大多數的情況下，父親與孩子的交流比不上母親與孩子的互動。長子就像獨生子，一心想打敗父親，又喜歡跟年長的人打交道。獨生子害怕家中多了弟弟妹妹。父母的朋友會對他說：「你應該有個弟弟或妹妹。」孩子聽了會十分不快，他希望自己永遠都是被關注的焦點。他覺得這是他的權利，他的獨尊地位若受到挑戰，便會當作是不公平的待遇。在往後的人生，當他不再是被關注的焦點時，就得面對許多困難。

若獨生子生長在保守謹慎的環境中，也會有些危機。有些父母身體條件有限，不宜生育更多的孩子，那也只能竭盡所能地去面對獨生子的問題。但有的家庭明明可以生養更多孩子，但父母親過於謹慎，人生態度較為悲觀，所以只生了一個。他們認為，如果生養更多孩子，經濟上就無力負擔。這種家庭充滿焦慮不安的氣氛，對孩子的影響很不好。

兄弟姊妹間年齡相距太大的話，那每個孩子多少都會有獨生子的特徵，但這種情況不是很理想。時常有人問我：「你認為孩子間年齡差多少最好？應該接近一點，還是相距大一點？」從個人的經驗來看，我認為差三歲左右最合適。因為老大三歲時已能學習合作，此時另一個孩子出生就很理想了。以老大的智力來看，他已能理解家裡不只自己一個小孩。如果他還不到兩歲，就無法跟他討論這個問題；他理解不了我們的教導，也就無法準備面對弟妹的到來。

在姊妹眾多的家庭，獨生的男孩會有許多煩惱。他生活在被女性包圍的環境中。平日父親不在家，他只能面對母親、姊妹以及女傭。他感到自己和她們有一些差異，於是帶著這種隔閡感慢慢長大。如果家裡的女性聯手起來對付他，那這種疏離感就尤其強烈。她們想給這孩子一點教訓，想證明給他看，他沒什麼好自負的。如此一來，家中就會充滿敵意和爭執。

如果這男孩排行居中，他的處境就非常悲慘：敵人從前後夾擊。如果他是長子，恐怕就得跟聰明伶俐的妹妹競爭。如果他是老么，就會被當作寵物。

在眾多姊妹中身為獨子，這種處境大家都不喜歡。不過，若家裡成員和平共處，而獨子多跟其他的小朋友交流，問題就可以解決。不然，在女性環繞下長大的男孩子就可能在舉止比較女性化；男女混合的環境則有其他的影響力。

舉例來說，有些公寓不是依照標準規格來裝潢，而是根據居住者的品味來布置，那麼女性居住的房間一定是潔淨清爽、井井有條；她們會仔細挑選家俱的顏色，並考慮每個細節。居住者若是男性，房間就不會太整潔，裝潢會很粗糙，屋內充滿雜物，傢俱也會有破損。在女性家庭中長大的男孩子，品味和生活的態度也會受到影響，更具有女性特質。

不過，他也會強烈地抗拒這種氛圍，刻意地強化自己的男性特徵。他會保持警覺，不讓自己受到女性所主宰。他想保持自己的獨特性和優越性，所以時時刻刻都很緊繃。他的發展會有點極端，要麼變得十分強大，或是變得非常弱勢。這種狀況並不多見，但非常值得研究，需要更多的案例才能進一步地加以探討。在眾多兄弟中長大的獨生女也有類似的處境，要麼非常女性化，或是充滿男性的特徵。通常來說，她們一生都伴隨著某種不安全感和無助感。

我在研究案例時發現，人們在童年時代形成的印象，會一直延續到長大成人。我們在家中的地位會對生活習性留下不可磨滅的烙印。在成長過程中，每一個煩惱都是起自於家庭成員的競爭以及缺少合作。環顧一下周邊的人際關係，不難發現競爭和對抗是最為司空見慣的現象。實際上，不僅周邊的生活是如此，世界各地也都沒有例外。然後我們就會發現，每個人都在追求權力，一心想成為征服者，以擊倒、超越別人。大家會設下這個目標，都是童年時的經歷所造成的。孩子覺得自己跟其他家人的地位不平等，就會產生競爭和對抗意識。我們必須幫助孩子培養出良好的合作精神，才能避免發生這些不良的後果。

第七章

學校的影響

在當前的教育體制下，孩子就學時，
已做好與人競爭的心理準備，
而不是參與團隊合作。
在整個求學生涯中，孩子都在學著贏過別人；
這不啻是一場災難。

學校是家庭的延伸。

父母有能力教好孩子，使他們能夠解決生活中的各種問題，那麼學校教育就沒有存在的必要了。在有些文化中，孩子的教育完全在家中進行。工匠會把手藝全部教給兒子，包括從祖輩那裡學來的技能，加上自己得到的實戰經驗。在當前的文化下，生活的條件更加複雜，父母必須借助學校才能減輕負擔，讓老師接手前期的教育工作。要滿足社會生活，年輕人的教育程度必須更高，家庭教育已不敷使用。

美國的學校沒有經歷過歐洲的教育發展階段，但還是保留一些威權傳統的色彩。在歐洲的歷史上，最初只有王公貴族才能接受學校教育，這些有社會地位的人才有價值，而其他人只能盡本分，不可有非分之想。後來，社會限制逐步放寬，宗教機構接手教育工作，獲選的平民可以學習宗教、藝術、科學和職業方面的知識。工業技術迅猛發展後，這種教育便不合時宜。

教育的擴大與深化是一場長期抗戰。過去，小城鎮裡的教師、校長是鞋匠和裁縫出身，只懂得打罵教育那一套，成果當然是乏善可陳。只有教會學校和大學才會開設科學和藝術的課程，那時連國王都不通文墨。如今，哪怕是普通的工人都要精通讀、寫、計算和繪圖等技能，而我們今天所熟知的公立學校就這麼建立起來了。

然而，公立學校也是為了滿足政府的統治理念，它希望老百姓順從聽話，除了為上層階級牟利，還要隨時能上戰場。學校的課程安排就是為了配合這一目的。在奧地利，有段時間仍存在這種現象。底層階級受教育是為了學會順從，以勝任符合其社會地位的工作。這種教育的弊端會隨時間不斷增加。自由思想在蓬勃發展；工人階級日益壯大，提出更多的要求，公立學校的教育因此有所調整。

當前的教育任務：品格教育及心理輔導

今日流行的教育理念是：讓孩子學會獨立思考，給他們更多機會去認識文學、藝術和科學，在成長過程中不斷吸收人類的文化成果，並為社會有所貢獻。我們栽培孩子的目的不再只是讓他長大後能賺錢餬口，或在龐大的工業體制下找到一份工作。我們希望他能融入社會，具有平等、獨立的精神和責任感，成為符合當前文化的好夥伴。

很多人都在努力改革學校體制，他們也許不知道，其實自己是在加強學生的合作能力，讓他們融入社會生活。例如，品格教育（Character education）的各項要求正是為了滿足此目的；以其內容來看，毫無疑問地，這些要求非常正當。然而從整體而言，我們還沒徹底掌握教育的最終目的和技術。我們必須找到合適的老師，除了教孩子賺錢，還要教他們去促進社會的福祉。老師必須能認知到這份工作的重要意義，並接受專業的訓練。

品格教育目前尚在實驗階段。我們得排除僵化的體制，才能建立嚴明、有體系的品格教育。即便在學校裡，品格教育的成果也差強人意。有的孩子在入學前已在家中累積許多挫折感，就算老師不斷教導和勸說，還是無法解決他們的問題。所以當務之急就是訓練老師去理解孩子在學校如何發展，並給予正面的協助。

我從前的工作內容大多著重於此，維也納不少學校也走在時代的前端。許多教育單位會聘請心理治療師來瞭解孩子的問題，並提出一些建議。然而，除非老師接受這些意見，並配合執行，不然也是白費功夫。

心理治療師每星期與孩子會面一次、兩次，甚至一天一次，但他無法完全瞭解孩子所受的各種影響，包括學校、家庭以及生活環境。他也只能提供一些建議，例如請老師留意孩子的營養均衡，或帶他去治療甲狀腺問題，或請老師特別關照某個孩子。然而，老師不能理解這些指示的真正意圖，也沒有相關的實務經驗。他必須先瞭解孩子的性格，否則無從下手。

因此，目前最迫切的任務，就是讓心理治療師與老師開始進行密切合作。老師必須全方位瞭解心理師的想法，雙方討論完孩子的問題後，他就可以自行採取措施，而無需外援。出現不可預料的問題時，他該知道如何應對，相對地，心理師遇到困難時也應知道如何處理，彷彿老師就在旁邊。最實用的方法是設立諮詢委員會，我們在維也納就建立過類似的組織，本章末尾我將介紹它如何運作。

入學是社會生活的第一場考驗

孩子入學後，準備接受社會生活的全新考驗，而他成長過程中的缺點和問題，也會一一暴露出來。

此刻，他得在廣大的空間中學習與人合作、加入同學間的小團體。然而，被寵壞的孩子一定不願離開溫暖的家。在開學第一天，被溺愛的孩子馬上呈現出諸多社會情緒上的問題，包括大聲哭鬧、吵著要父母帶他回家。他對功課和老師都毫無興趣，別人說什麼他也聽不進去，因為他自始至終只想到自己。可想而知，只要他維持這種自我中心的態度，各項發展就會停滯不前。

問題兒童的家長老是在強調，孩子在家裡從不惹是生非，只有在學校裡才會製造事端。我們不免懷疑，這孩子在家裡一定覺得自己得天獨厚、高人一等。這也難怪，家裡沒有考試，做錯事也不會馬上被發現。但學校沒人寵溺他，令他充滿挫折感。

有個孩子從上學第一天起，就只顧著嘲笑老師說的每句話，他對功課提不起絲毫興趣，老師認為他智力低下。看病時我問他：「大家都覺得很奇怪，你在學校為何總是笑個不停？」他回答說：「學校是父母為孩子創造的遊樂場。他們把孩子送進學校是為了捉弄他們。」原來他在家裡經常受到戲耍，於是他相信，學校這個新環境不過是一場惡作劇。最後我說服他，不要過度保護自己的尊嚴，沒有人一心要捉弄他。結果他開始對課業產生興趣，成績也進步了。

老師的重要職責是找到孩子的難處並糾正家長的錯誤。有的孩子已做好準備要投入廣大的社會生活，因為家人有教他們要關心其他人；但有些孩子尚未做好準備，總是猶疑、退縮。許多同學功課不好，並非智力有問題，而是猶疑不定，無法調整自己去融入社會生活。誰能幫助他們適應新環境？非他們的老師莫屬，因為他所處的位置最為有利。

但問題在於，老師該如何向孩子伸出援手？正確做法和母親一樣：跟孩子密切互動，多多關注他的狀況。孩子能為自己的未來做出多少改變，全依賴他此刻的興趣，而且嚴苛的手段或懲罰一點都不管用。孩子入學後，若無法跟老師和同學架起溝通的橋樑，千萬不要批評和指責他，那只會讓事情變得更糟，並更加坐實他的想法：學校是個討人厭的地方。

我必須承認，如果我在學生時代老是被責罵、訓斥，我對老師的興趣就會消失殆盡。我還會設法換個環境，總之就是要逃離學校。在外人看來，翹課、成績差的學生都是愚鈍又難以管教，但對這些學生來說，學校就是個專門找人麻煩的地方。這些孩子並非真的愚鈍，不管是編織翹課的理由，或是偽造家長的簽名，他們都表現出伶俐的一面。在校外，他們結識很多「翹課」的前輩，並從後者身上獲得許多在學校找不到的認同感。因此，他們真正感興趣、認為值得經營的社交圈，不是學校，而是小團體。由此可知，不能被同學接納為班級一份子的孩子，很容易被教唆，從而走上犯罪的道路。

想吸引孩子的注意力，就必須瞭解他的趣向，並多加鼓勵，讓他深信自己在相關領域能有所成就。孩子在某方面充滿自信，就更願意接受指引，轉而朝其他方面發展。因此，我們得探索孩子的世界觀，研究他哪些感官較靈敏、哪些技巧最純熟。有的孩子視覺較為敏銳，有的孩子聽覺過人，還有的偏愛運動。

視覺敏銳的孩子喜歡觀察，所以對地理或繪畫等科目感興趣。他們上課時很難專心聽講，也許就是不習慣在聽覺上保持專注。如果他們沒機會接觸跟視覺有關的課程，學習狀況就會落後。一般人會以為這些孩子缺乏能力和天賦，並把問題歸咎到遺傳上。

關於這些狀況，最應該責備的就是老師和家長，他們應該設法激發孩子興趣。師長不該太早讓孩子接受專職的教育，而是先大力開發他對某事的興趣，然後再鼓勵他將熱情擴大到其他領域。在今天這個時代，有些學校在設計課程時，會創造各方面的感官體驗，如模型製作與繪畫練習。這個潮流值得肯定，應當持續發展下去。傳授課程最好的方式，就是結合現實生活的元素，這樣孩子就能理解學習的目的何在，以及所學內容的實用價值。

經常有人在討論，多傳授知識給孩子，還是教他們獨立思考好？在我看來，這個問題是截然的兩分法，不妨各取其優點。比如上數學課時，納入建造房屋的例子很有用，讓孩子去計算木材的使用量、房屋的居住人數等。有些課程可以合併來上，有的老師擅長融合生活各領域。老師可以和孩子一起散步，看看孩子對什麼最感興趣。過程中，他順道講解植物的相關知識，包括其生長、用途、氣候的影響、土地特徵、農業史等各種面向。當然，我們期待這樣的老師真心關懷學生，否則這些孩子的未來就無望了。

在當前的教育體制下，孩子就學時，已做好與人競爭的心理準備，而不是團隊合作。在整個求學生涯中，孩子都在學著贏過別人；這不啻是一場災難。孩子拚了命保持領先，他繃緊全身的神經，一定要擊敗其他同學。這種心態的負面效應，不下於他成績落後且放棄努力。在這兩種情形下，他只對自己的事務感興趣。幫助別人、對團體有所貢獻不再是他的目標，確保個人利益才是首要任務。

班級就是個小社會

家庭是一個整體，每個成員都是平等的一分子，班級也是如此。班上的孩子若接受合適的教育，就能互相關心、享受合作的氣氛。我親眼目睹過，許多問題兒童開始關心身邊的夥伴、學著與其合作後，就能徹底改變生活態度，往好的方向發展。

這裡要特別提一個孩子，他覺得家人都對他懷有惡意，同學也對他不懷好意。他的功課非常糟糕，父母聽說後把他狠揍了一頓。這種情況很普遍：孩子成績不好，在學校先被老師責罵，成績單拿回家後又被父母懲罰。被責罰一次已夠令人沮喪，雙倍懲罰則堪稱恐怖的經歷。無怪乎這個孩子成績一直很差，在班上也不斷在干擾同學。最後有個老師來解決問題，他對整體情況非常瞭解。他向班上同學解釋這位孩子的困境：他以為大家都在跟他作對。後來他獲得全班同學的幫助，他也開始相信大家都是朋友，於是他人生翻轉了，各方面都取得進步，完全出乎人們的想像。

有人懷疑，這種方式是否真能教會孩子互相理解和扶持。依照我的經驗來看，孩子對互助和合作的理解比大人還要深刻。某天，有位母親帶著兩個孩子到我的診所，一個是三歲的男孩，另一個是兩歲的女孩。小女孩爬上桌子，母親嚇得魂飛天外，緊張得動彈不得，只能一個勁地叫嚷：「下來！快下來！」可是小女孩卻不加理會。這個三歲男孩卻說了一句：「趴在那裡別動！」女孩立刻就趴下來。他比母親更瞭解自己的妹妹，知道該怎麼應對。

為了提高班級的凝聚力和合作精神，最常見的建議是讓孩子們自主管理，但是我認為這種做法應慎重執行，老師必須在一旁指導，確保同學有做好準備。否則孩子對自治活動的態度會很隨便，很容易把它看成是一場遊戲。搞不好同學立下的規定會比老師設的更為嚴苛，並透過開會來圖利自己，或互相指責、羞辱對方，爭奪在班上的優勢地位。老師應該在旁邊監督、提出建議，才能進行這種實驗。

成績與智力測驗的意義

若要瞭解孩子的智力發展、性格和社會行為，不可避免地要進行某種測試。有時，一場測試可以拯救一個孩子的未來。有個男孩的成績很差，老師打算讓他留級，他接受智力測驗後，結果表明他有資格升級。我們應當瞭解到，孩子未來的潛力無法預測。智商分數的唯一作用，是用來瞭解孩子所面對的困難，以便找到解決方法。就我自己的經驗而言，只要當事人沒有智能障礙，再加上正確的方法，其智力就可以提升。我還發現，孩子若能把智商測驗當遊戲玩，熟悉其規則、掌握答題技巧並增加考試經驗，分數就能提高。總而言之，智商不是被命運或遺傳因素所決定，更不該拿來限制孩子的未來發展。

孩子的智商要保密，不應讓本人以及他的父母知道。他們不瞭解這種測試的目的何在，所以會把它看作最終的判決。教育的最大障礙不是來自孩子天生的條件限制，而是他「認為」自己身上有什麼局限。孩子知道自己的智商很低，就會喪失希望，認為成功跟他無緣。教育孩子時，精力要用對地方，多為他加油打氣，提高他的興趣，並拆穿他的自我限制。否則他會對生活有錯誤的理解，不斷說服自己有多無能。

成績也是如此。老師常常給學生很差的評語，希望激起他的學習精神。但有些孩子的家教非常嚴格，他們不敢帶成績單回家，甚至還會離家出走或塗改成績單。有些孩子還會嘗試自殺。因此，老師應該認真考慮有哪些後果。他們不需要改變孩子的家庭生活及其影響，但應該考量這些因素。父母總是望子成龍，若孩子帶回很難看的成績單，必會激起父母的情緒，也免不了被申斥一番。

老師的態度柔和一些，評語寬容一些，孩子就會受到鼓勵，變得更加積極進取。若孩子得到的評語總是很差，所有人都當他是最差的學生，他漸漸就會相信，這是無法改變的事實。其實，後段班的學生一定能進步，許多名人的經歷都可資證明，不管成績有多糟，只要恢復信心和學習的熱情，便能取得了不起的成就。

有個非常有趣的現象值得我們注意：孩子不需要參考成績單，就能準確判斷彼此的能力。他們清楚地知道，班上哪位同學在數學、語文、繪畫和運動方面獨佔鰲頭，對自己在班上的排名心中也有數。他們最常犯的錯誤是不相信自己能取得更出色的成績；看到別人在前面遙遙領先，但不相信自己能迎頭趕上。

孩子執著於如此的見解，未來也一定會繼續抱持這些錯誤的觀念，以此看待周邊的人事物。長大後，他不斷會估算自己與別人的差距，並認為自己永遠落後。孩子在班上的排名大多不會改變，總會在前列、中等或墊底的範圍中。但我們不能據此就一口咬定，孩子的成績是由天賦決定。這些分數只能顯示出孩子的樂觀程度、活動類型以及給自己設下的限制。

遺傳因素的迷思

長期墊底的孩子若突然有令人驚訝的進步，大家一定會特別注意。孩子應該理解自我設限的弊病；老師和同學也都應該破除迷信，別再把遺傳當成關鍵因素，繼而深信智力中等的孩子進步空間有限。

在教育領域中，最嚴重的錯誤就是遺傳決定論，教師和家長因此找到藉口來逃避自己的錯誤。他們放棄努力，不再擔負教養孩子的責任。我們不該容許任何逃避責任的行為。有些教育工作者把性格和智力的發展全歸結於遺傳因素；因此他們在職業生涯中不會有什麼建樹。相反地，如果他們發現自己的態度和努力會影響孩子的發展，就無法用遺傳當成逃避責任的藉口。

當然，這裡談的不是生理學上的問題；遺傳所帶來的生理缺陷難以改變。透過個體心理學，我們便能充分理解它們對於心智發展的影響和重要性。孩子對身體機能的運作程度有其體會，他判斷自己的缺陷後，會對自己的發展設下限制。因此，影響孩子心智發育的不是生理缺陷，而是他對這些問題的態度以及所受的教養。若孩子煩惱自己的生理缺陷問題，家長就要多叮嚀，不要讓他認為自己的智力或性格發展會因此受限。前一章已經說明，生理缺陷能成為努力與追求成就的動力，也會變成阻礙人發展的絆腳石。

我第一次提出這個論點時，很多人指責我不夠科學、違背事實。然而，這個論點是從我執業經歷歸納出來的，且相關論據不斷地在累加，如今很多精神病學家和心理學家也都開始支持。「性格由遺傳決定」，這種論調如今可稱為迷信了，而且已存在數千年。但凡有人想逃避責任，對人類行為採取宿命論的觀點，遺傳決定論就會上場。

最簡化的觀點就是：孩子在出生那一刻就已注定會成為良善或奸惡之徒。這根本是無稽之談，完全是為了逃避責任。包括「善惡」在內，許多性格的定義只有在具體的社會脈絡下才有意義。它們是在社會環境與人際互動中培養出來的特性，其所隱含的意義為「有利他人的福祉」或「危害他人的福祉」。

孩子出生時，還沒有進入社會環境，會往哪個方向發展還是未知數。他會選擇哪條路，就取決於他從周邊環境得到的印象以及透過身體得到的感知。更重要的則是他如何解讀這些素材。而他所受到的教育，更是會產生關鍵性的作用。

智力的發展也一樣，雖然證據還不夠明確，但最重要的因素是興趣。我們已經看到，興趣的發展不是受遺傳所限，而是缺少信心和害怕失敗。毫無疑問，大腦的結構在某種程度上得自遺傳，但大腦只是思維的工具，並不是心智的源泉。若大腦的缺陷不嚴重，醫學治療還能彌補的話，那麼再透過訓練就能克服這一障礙。在每一項超強能力的背後，不是有特別的遺傳因素，而基於長期的興趣與訓練。

有一些家族為社會產出好幾代稟賦超凡的精英，其關鍵不在於遺傳和基因。想必是當中有位成功的族人，激勵了其他成員的發展。依照他們的家庭傳統，孩子可以從事感興趣的活動，在各種練習和實踐中不斷地砥礪自己。

比如，偉大的德國化學家李比希是藥店老闆的兒子。他的專業才能是否得自遺傳並不重要。實際上，環境允許他去投入自己的興趣，這才是關鍵。同齡孩子還不知道什麼是化學，李比希已掌握大量的化學知識。

莫札特的父母非常喜歡音樂，但莫札特的音樂才能不是由遺傳而來。父母期待他也喜歡音樂，並給予各種鼓勵。所以他的成長環境充滿音樂的元素。

一般來說，傑出偉人的共同點就是興趣「很早開始培養」：有的從四歲開始彈鋼琴，有的在年幼時就開始寫家人的故事。他們的興趣持久不墜，總能堅持下去。他們總能自主而全方位地投入訓練，並保持高昂的情緒，從不猶豫，更不會退縮。

有些孩子堅持，自己某些方面不可能再進步；這種先入為主、自我設限的態度，任何老師都幫不上忙。相反地，若老師對同學說「你沒有數學天分」，那他的工作會輕鬆許多，但同學的信心卻會崩壞。我有過親身經歷。以前我是班上數學成績最差的學生，也深信自己沒有這方面的稟賦。幸運的是，有天我意外解出一道連老師都被難倒的題目。這次成功經驗徹底改變了我對數學的態度。我本來對此科目已失去興趣，但後來卻開始享受解題的樂趣，並利用每次機會來提升數學能力。結果，我成了學校裡最出色的數學高手。這次經歷令我瞭解到，「天賦異稟」、「資質過人」都是荒謬的說法。

能力分班與男女合校的問題

就算在人數眾多的班級，老師也能看出孩子們的差異處。多瞭解他們的性格，因材施教，就能取得很好的教學成果；千萬不可一視同仁地用同一套教法。班級人數太多當然不是好事，有些孩子的問題很難察覺，就不容易各個擊破。老師必須熟悉所有學生的狀況，不然就無法培養孩子的興趣及合作精神。

若班上老師兩三年來固定都是同一位，那好處多多。有的學校每隔六七個月就換一次級任老師，這樣他就沒有足夠的時間與孩子相處，更無法瞭解他們的問題、觀察他們的發展。老師陪伴孩子長達三年，就能找出他們在生活習性上的錯誤並予以糾正，也更容易把班級整合成互助的社團。

通常來說，跳級並不利於孩子的發展，因為他會背負太多難以實現的期待。跳級的原因有二，孩子年紀比同學大一點，或課業上的吸收力較強。班級是一個團體，當中若有個學生比較突出，就有助於激勵其他同學進步；整個班級的程度便會快速而大幅度地提升。讓這樣的孩子跳級，全班就會失去激勵的因素，對其他孩子非常不公平。因此我建議，在平常的科目外，讓那些資優的孩子參加額外的學習活動，培養各方面的興趣（比如說繪畫）。他學有所成後，就可以帶動其他同學的興趣，激勵他們更上一層樓。

讓孩子留級是下下策。老師都一致認為，留級生在學校或家裡都會惹麻煩。實際情況並非如此，有些留級生很乖巧。當然，大部份留級生在課業方面比較落後，也愛惹是生非。同學不看好他們的發展，而他們對自己的學習能力也很悲觀。這確實是個大問題，依照目前的常規，學校不可能輕易地取消留級制。有的老師會利用休假日去幫助學生改善生活習性，避免他們留級。學生一旦發現自己的錯誤，下學期的課業就能步入正軌。實際上，為了幫助落後的學生，我們只能設法讓他發現，其實他對自己能力的評價是錯的。之後我們就可以放手，讓他自己去努力獲得進步。

許多學校會按學習成績分成前段班和後段班，當中我發現一個非常特別的現象。不過，我大部分的觀察與評論都源自於歐洲的學校，對美國的教育單位不一定適用。

在後段班，有些同學有智力發展遲緩的問題，也有不少人來自貧困家庭；在前段班，大多數的孩子都來自富裕家庭。這個事實很容易理解。貧困家庭的孩子沒有接受學前教育，其父母面臨的困境太多，騰不出時間來教孩子；他們自己就沒有受過良好的教育，沒有能力協助孩子。學前教育不足的孩子不一定要被送進後段班，只要老師訓練有素，就知道如何彌補他們在這方面的不足。比方說，讓他們多跟受過學前教育的同學互動。

若把這些孩子送進後段班，他們很快就會意識到自己被貶低，前段班的孩子也會發現，還會看不起後段班的孩子。那些可憐孩子的挫折感會增強，人生觀變得更扭曲，並用錯誤的方式追求優越感。

原則上來說，我大力支持男女同校，這有利於男女之間相互瞭解，並學會與異性合作。有的人認為，男女同校會產生各式各樣的問題。這種看法大錯特錯。但男女同校有其特殊狀況，認清它的本質，並試著去解決它，否則同學會對異性更加疏遠，情況比單一性別學校更嚴重。

此特殊狀況是：在十六歲之前，女孩子通常都比男孩子發育得快。男孩子得理解這一點，否則就很難維持自尊。他們眼睜睜地看著自己被女孩超越，於是慢慢失去信心。進入社會後，他們會害怕與異性競爭，因為那會令他們想起從前的挫折感。

贊成男女同校的老師，應深入理解此狀況，在教學上才大有作為。有些老師不贊成男女同校，又對發育問題不感興趣，就很難解決男女同學的矛盾。男女同校的另一個狀況是：同學若無法自律、學校又沒派人監督，就一定會產生跟性有關的問題。傳授性教育是非常複雜的問題，且教室不是適當的場所。老師不可在台上講授性知識，因為他無法確定每位同學的理解是正確的。雖然他激起孩子們的興趣，但卻不能確定他們已做好準備要接受性教育。他們也許會曲解課程內容，以配合自己的生活習性。

有些同學若想深入瞭解性知識，可私底下向老師請教，而老師應該秉持真實、坦率的精神來回答。老師可藉此判斷孩子想知道的資訊，進而引導他到求知的正確道路上。然而，老師不宜時常在課堂上討論性方面的問題。有的學生會因此誤解，把性當作無關緊要的事情；這種想法對他們沒有好處。

驕縱兒、懶惰鬼跟孩子王都需要旁人的關注

試著瞭解孩子，那麼分出不同類型的孩子以及其生活習性，就不會很困難。孩子的合作能力從幾個方面來觀察：儀態、接收資訊的方式、他和其他孩子的距離、能否輕鬆交朋友、平常的注意力和專注度。孩子若常忘了做功課，連課本都弄丟了，便可判斷他對學習不感興趣。這時就必須找出他討厭上學的原因。若他不喜歡跟同學一起玩遊戲，就可以判斷他有點孤單，想法也比較自我為中心。若他做作業時習慣向他人求助，那就是獨立性不夠，時時盼望得到別人的支持。

有的學生得到老師的表揚和讚美才願意做作業，尤其是在家裡被寵壞的孩子。若他

們失去特權地位，麻煩就開始了。既然沒人要關注、旁邊沒有觀眾，他們就興趣缺缺，凡事都提不起勁。對於這樣的孩子，數學是很大的挑戰和困難。對於記住公式或定理，他們的表現令人嘖嘖稱奇，但若要獨立解題，他們就不知所措。這看來只是小小的缺點，但孩子若總是在尋求他人的解釋、需要別人的關注，那對眾人的生活就會構成困擾。這種態度不改變的話，他長大後還會不斷向他人求助。只要有問題出現，他立刻就要別人來解決。他一生都不會幫助他人，也對社會沒有貢獻，只能依賴別人。

他們時時刻刻想成為焦點，如果不能達到目的，就會用破壞性的手段爭取別人的注意，比如惡作劇、擾亂班上秩序、帶壞其他孩子或成為討厭鬼。責罵和懲罰沒有用，他反而在其中找到樂趣。他寧願被痛責一頓也不願被人忽視。雖然那些搗蛋的行為讓他不好過，但為了滿足受關注的快樂，付出一點代價沒關係。他們覺得這就像一場競賽，要檢驗自己對懲罰的耐受力以及對生活習性的堅持，看誰能撐得最久。他們總是最後的贏家，因為主動權掌握在他們手裡。那些跟父母、老師作對的孩子在受懲罰時，不會痛哭流涕，而是面帶得意的笑容。

懶散的孩子其實雄心勃勃又害怕失敗，不過，用懶散來反抗父母和老師的孩子則不在此列。每個人對「成功」的理解都不一樣，但是有些孩子對「失敗」的看法卻讓人感到匪夷所思：只要無法領先他人，就認為自己失敗了。哪怕他們已達成某些目標，只要看到有人做得更好，就會覺得自己失敗了。

懶散的孩子不曾經歷真正的失敗滋味，因為他不願意面對考驗。對任何事他都逃避、猶豫，更不想與別人競爭。大家都看在眼裡：只要他不那麼懶，就能解決那些問題。他總是沉浸在美妙的白日夢中：「只要我願意嘗試，一切問題都能迎刃而解。」遇到挫折時，為了維護自尊，他總能輕描淡寫地說：「我不是能力不夠，只是懶病發作而已。」

老師總是會對懶惰的孩子說：「如果你肯用功，就會成為班上最棒的學生。」他什麼都沒做，老師就肯定他的能力，那麼他更不必要冒險去求表現。他一旦克服懶散問題，就無法繼續當低調的天才。但人們是依照實際的成績給人評價，而不是潛力。懶散孩子還有一種優勢：只要稍稍做點事，就會得到表揚。對於他每一個改過自新的小舉動，大家都有目共睹，也願意鼓勵他走得更遠。勤奮孩子的日常表現反而不會獲得關注。如此可知，懶散孩子其實是靠著別人對他的期望過日子。實際上，他也是被寵壞的孩子，還是嬰兒時就習慣依靠別人的心力來獲得一切。

還有不少孩子喜歡在同伴中當頭頭，他們的辨識度很高。確實，每個團體都需要有領袖，但唯有真心為眾人謀取福利，才適合擔任這個位子，而且有如此才能的人也不多。喜歡帶頭當老大的孩子，只是熱愛發號施令、指使他人，唯有滿足這個需求，他才願意跟同學一起玩。

然而，孩子王長大後就很難找到小嘍囉了。他在今後的生活中一定會遇到許多困難，尤其是碰到另一個孩子王，無論對方是伴侶、同事或其他身分，這段關係的結局不是悲劇就是鬧劇。彼此都在尋找機會控制對方，以確立自己的優越感。有些長輩很樂於見到被寵壞的孩子爬到自己頭上，對自己頤指氣使。他們覺得孩子這樣很逗趣，於是更加縱容。然而，老師都看得清楚，這種教養方式對孩子絕非福音，會令他更難融入社會生活。

心理治療師對教學工作的助益

孩子們的個性千差萬別，絕對不可一刀切，用一個現成的模子去規範所有人。但我們該阻止一些苗頭的發展，如不加以遏制，孩子將來會遇到許多挫折和困難。童年時浮現的缺點，比較有機會被修正，任其發展的話，就會對他們將來的社會生活產生嚴重的負面影響。兒童時期的錯誤和成人時期的失敗有直接關鍵。孩子沒有學會合作，長大後可能會酗酒、罹患精神官能症、犯罪，還可能會自殺。

精神官能症患者怕黑、怕陌生人，也害怕新的環境；憂鬱症患者則是愛哭的寶寶。在當前的社會條件下，我們接觸不到所有的父母，無法幫他們避免教養上的錯誤。從來不向人徵詢意見的父母，其實更該多聽取忠告。我們只好把希望放在老師身上，透過他們來發揮效用，改掉孩子們根深蒂固的缺點。這麼一來，孩子才能培養出獨立、勇敢的性格，接受團隊合作的生活模式。在我看來，這項任務才能保障人類未來的福祉。

帶著這樣的理念，就在十五年前，我開始在維也納等歐洲城市建立個體心理學顧問委員會，結果證明，我們的實務工作非常有效。崇高的理念和遠大的夢想當然很重要，但得設法付諸實現，它們才會有價值。

據這十五年來的經驗來看，我能肯定地說，顧問委員會的工作成果非常豐碩。為了解決兒童的問題、培養他們的責任心，我們設計出最好的方法。顧問委員會的核心思想是立足於個體心理學，所以才取得如此的成就。但我認為，我們還是需要跟其他門派的心理治療師合作。我始終強調，顧問委員會應該與各門各派多交流、合作，這樣就可以比對眾人的研究成果。

在顧問委員會所設計的方法運作下，訓練有素的心理治療師對老師、家長和孩子的問題瞭若指掌，也會和老師一起討論教學工作中會出現的問題。心理治療師去學校駐點時，老師會向他描述某些孩子的情況和問題：懶散、愛起爭端、翹課、偷竊或成績很差。心理師也會把自己的經驗和盤托出，與眾人討論。大家詳細描述問題孩子的家庭、性格及其形成的過程，還有狀況首次浮現時的環境因素。老師和心理師一起探究可能的原因，以及相關的應對措施。他們都有很豐富的經驗，所以很快就能得出共識。

心理師駐校那天，母親應該也來學校一趟。心理師和老師已事先找出最佳的方式，要好好與母親溝通，向她說明孩子的問題。母親進來後，有很多訊息要跟大家報告。接下來心理師加入討論，並提出建議來幫助孩子。母親非常高興有這樣的諮商機會，也很樂於合作。母親若不大配合，心理師或老師可以討論類似的案例，讓她有所啟發，回去用在自己孩子身上。

接下來換孩子進入會議室跟心理師交談，但主題不是他犯了哪些錯誤，而是他所面臨的問題。心理師試著找出妨礙孩子健康成長的因素，包括他的錯誤觀念和判斷。正如有些孩子認為自己被怠慢，而其他同學較受重視。心理師不會批判孩子的想法，而是跟他好好談話，給出另一種觀點。心理師若要提到當事人犯的錯，就要用假設語氣，然後再徵求孩子的看法。孩子的評論通常都很到位，態度也轉得很快。看到這樣的情景，一般人都不免大吃一驚。

我所訓練的老師對輔導工作都樂此不疲，都不會半途而廢。平日教學的工作因此變得更有趣，他們的努力也會更有成果。他們不會覺得這是多餘的負擔。只要花個半小時，他們就能解決學生長年的問題，也為自己擺脫困擾。同學們的合作精神空前高漲，時隔不久，嚴重的問題就會消失，只剩一些細小的錯誤。老師也成了心理治療師，他們學會從整體去瞭解學生的人格，包括找出他各種表現背後的共同性。日常生活若再出現什麼問題，老師就有能力去處理解決。全天下的老師若能接收這些培訓，心理師就會變成多餘的存在，這實際上也是我們的願望。

舉個例子，假如班上有個懶惰的孩子，老師便可發起討論會，請全班學生對此習性發表看法。他開場可以先提出一系列的問題「懶惰的起因為何」、「懶惰的目的為何」、「懶惰的學生為何不肯改變自己」、「懶散病非治不可嗎」，接著讓孩子盡情發言，看看能不能達成結論。當然，那個懶惰的孩子並不知道自己就是討論的源頭，但大家所提出的意見就是他所面臨的情況。他對討論很感興趣，也讓他深受啟發。老師若直接指責他，恐怕一點效果都沒有，但若他願意傾聽，就會認真思考這問題，並因此改變自己的看法。

老師最瞭解孩子們的心靈世界，因為他跟同學一起學習和生活。老師見識過許多類型的學生，只要他掌握足夠的技巧，就能跟每個孩子建立密切的關係。孩子入學後，他以前在家裡養成的壞習慣是否能改正，完全取決於老師。

老師就像母親一樣，是人類未來的守護者，其貢獻不可估量。

第八章

青春期

開始學著獨立的關鍵階段

青春期有問題的孩子都是被父母寵壞的。

不難看出，他們從小就習慣依賴，

凡事都由父母包辦，

等到要面對成年人的責任時，

就會感到壓力沉重。

關於青春期的書籍圖書館裡汗牛充棟，許多專家都認為這是高危險期，人的性格可能就此徹底改變。孩子在青春期確實有許多危機，但改變性格是不可能的。成長中的孩子在青春期會面對新的環境和考驗，感到將邁入人生的新階段。從前沒有察覺到的不良生活習性，此時會暴露出來。這些缺點一直都存在，人生經驗豐富的長者都能看破。青春期到來後，這些問題日益明顯，再也不能忽視。

每一個孩子都認為，青春期最重要的事就是證明自己長大了。而我們該鼓勵他們：沒錯，你們都不再是孩子了。如果我們的鼓勵有效，他們所承受的壓力會大幅減輕。但如果他堅持要證明自己有多成熟，那一定會過猶不及。

孩子在青春期都急著表現自己的獨立性，他們渴望與大人平等，也想彰顯男子氣概或者成熟女子的風範。這些言行舉動都取決於孩子對「長大」所賦予的意義。有些孩子認為那就是擺脫束縛，所以會反抗規定，開始抽菸、說髒話、夜不歸宿。有些孩子會突然變得不聽話，而其父母會不知所措；一向順從的孩子怎麼會變得如此桀驁不馴。實際上，孩子的態度一直都是如此，只是表面上順從，但心裡一直有意見，等到擁有更多自由和更強大的力量時，他深藏的怨恨便會溢於言表。

有個男孩老是被父親狠揍，他表面上顯得非常安靜、老實，但只是在等待報復的機會。一旦他感到自己夠強壯了，就會向父親挑釁、設法徹底打敗他，接著便會離開家門揚長而去。

多數孩子在青春期能獲得更多的自由和自主性。父母不再感到責任重大，不必時時刻刻去監控和保護孩子。若他們想繼續管，孩子一定會強烈反彈，試圖擺脫控制。父母越想證明孩子不能自主，他們就越會抗拒，證明自己是大人了。在這種對抗中，孩子會變得叛逆，也就是典型的青春期樣貌。

青春期的逃避心態會埋下心理疾病的因子

對於青春期的時程和階段，沒有人能做出嚴格的劃分。大約是十四歲到二十歲間，但也有孩子在十歲就進入青春期。在這段時間，男孩所有的器官都會發育成長，但有時各種機能的協調性會不足。有些孩子會長高、手腳變長，但活動起來不夠敏捷。他們只需多加強協調性的訓練就好了，但如果這時被人嘲笑或批評，他們就會相信自己的確笨手笨腳。

內分泌腺對孩子的發育也很重要。在青春期，孩子內分泌腺的活動會增加。這不是突然發生的，早在嬰兒時期，內分泌腺就已經很活躍了。但是此刻它們的分泌物更多，孩子的第二性徵也越明顯。男孩開始長鬍鬚，嗓音變粗，女孩的身材變豐盈，女性化特徵更是醒目。這些現象都會使青少年惶然不知所措。

有的孩子還沒有做好踏入社會的準備，就業、社交、愛情和婚姻等諸多問題向逼近時，他會陷入莫名的恐慌。他失去信心和希望，感到自己無力解決這些問題。進入社會後，他變得更加靦腆、保守，寧願離群索居獨自待在家裡。至於職業，他找不到一樣能吸引他的工作，確信自己終將一事無成。在愛情和婚姻方面，他羞於跟異性打交道，不敢去接觸他們。若有人跟他說話，他馬上就會臉紅，不知道怎麼回應。每天他都在絕望的泥潭中掙扎。最後，他被生活問題重重包圍，再也沒有人能理解他的困境。

他不敢接觸別人，不敢跟人講話，也不願意聽人說話。他既不工作也不學習，總是沉溺在幻想裡，生活裡只剩下粗鄙的性行為。他會變得精神錯亂，甚至出現早發性失智的跡象，但心神還沒有完全喪失。旁人應該多鼓勵他，指出他所誤入的歧途，並帶他走回正確的道路，這樣他就有被治癒的機會。這個過程不會很輕鬆，因為他的整個生活態度和模式都必須翻轉過來。他必須學著以客觀的眼光來看待過去、當下和未來的意義，而不能用太主觀的想法去妄加猜度。

孩子在青春期有危險，都是因為沒有做好適當的訓練和準備，以面對人生三大問題。他們害怕未來，自然會選擇最省力的方法來應付。然而，省力的辦法通常都是無用的辦法。孩子只好繼續被使喚、規勸和批評，他們心中覺得，自己越來越靠近深淵的旁邊。我們越是往前推，他就越想躲開。除非我們不斷地鼓勵他，否則用什麼方式幫助他都不對，只會進一步地傷害他。他會更加悲觀、恐懼，不願再付出更多努力。

有些青春期的少年不想長大，甚至講話還帶著童趣，常跟年幼的孩子玩耍，假裝自己還很小。但絕大多數的青少年都在努力裝成大人的樣子。如果他們沒那有強大的心智，那模仿起來就很滑稽。他們裝模作樣，學大人亂花錢、挑逗異性、談情說愛。

還有更難處理的情形。有些男孩沒發現自己的生活態度有問題，依舊我行我素，那就很容易踏上犯罪之路。他青少年時的不端行為沒被發現，於是認為自己很聰明、不可能被抓住，那長大後走歪路的可能性就更大。犯罪是逃避問題的方便捷徑，特別是在生活捉襟見肘、難以為繼的困境下。因此，十四歲到二十歲的青少年其違法行為的比例不斷攀升。再次強調，此問題不在於青春期的危機，而是幼童時代就開始累積的缺點一次爆開來。

而對於不夠外向的孩子來說，最便捷的逃避方法就是精神官能症。他們在青春期就出現功能性障礙和神經失調的問題。每一種相關症狀都是為了逃避生活問題而出現，它們既正當，又可以用來維護當事人的優越感。

當人碰到社交問題，又不知道怎麼用常規去處理，就會出現精神官能症。生活的困境會令人緊張，青春期的孩子在身心方面尤其敏感，他全身器官都會受到刺激，整個神經系統都會受影響。而身體不適又可以作為猶豫和失敗的藉口。在這種狀況下，無論在私下或面對他人，當事人都會認為，自己生病了，所以無需負任何責任；這就是精神官能症的劇本。每一個患者都強調自己內心誠正，也高度認可社會情緒以及解決生活問題的必要性，只是自己的狀況比較特殊，無法符合一般人的標準。他最常用的藉口就是精神官能症。他無非是在展現這樣的態度：「我很想解決自己的問題，但不幸的是，有許多阻礙的因素，令我無能為力。」在這一點上，他跟犯罪分子有所區別，後者不會掩飾自己的惡意，還會壓抑、封存自己的社會情緒。當中誰對社會全體傷害較大，其實很難說；精神官能症患者的動機都很良善，但是其言行令人厭惡又自我中心，還會刻意妨礙合作關係。而犯罪分子的惡意比較明顯，還會設法壓抑自己殘存的社會情緒。

前段學童與後段學童的黃金交叉

青春期有問題的孩子都是被父母寵壞的。不難看出，他們從小就習慣依賴，凡事都由父母包辦，等到要面對成年人的責任時，就會感到壓力沉重。他們仍舊期待被寵愛，但隨著年齡增長，漸漸不再是受關注的中心。他們怨天尤人，認為世人都在欺騙並辜負他們。他們在刻意製造的溫暖氛圍下長大成人，不知道外界的空氣冷得刺骨。在這段時期，孩子們的成長趨勢反其道而行：被寄予厚望的孩子在課業和工作上屢屢失敗，而此前被看扁的孩子反而超車，開始顯露出不為人知的才能。

這與他們之前的狀況並不矛盾。貌似前途無量的孩子，這時開始害怕讓人失望，而他人的期待成了沉重的負擔。只要有人支持、讚賞他，他就會繼續向前，但當他必須獨自一人努力時，其勇氣就消失不見，於是他選擇退卻。另一方面，有些青春期的孩子感到更自由、更有活力，也發現前面的大道能實現自己抱負。他們腦子裡充滿各種新奇的想法和規劃。他們的創造力大大提升，對於文明生活各方面的興趣越來越高，求知欲越發地強烈。這些孩子的信心和勇氣沒有打折扣。對他們來說，「獨立生活」不意味著困難和失敗的風險增加，而是有更多機會去取得成就、做出貢獻。

有一些孩子從前感到自己被怠慢、被忽視，但現在，他們與周圍的夥伴更常接觸，也更有機會被人欣賞。當中有很多人會陶醉在被人讚美的迷夢中。男孩子若只想得別人的讚美，這絕不是好事。有些女生比較缺少自信，自己的價值全都得靠他人的稱讚，於是很容易被男人的甜言蜜語迷惑。

我經常遇到這樣的女生，她們在家裡不受喜愛，於是在外面跟人發生性關係，以證明自己長大成人了。這也是為了滿足被人欣賞、成為焦點的虛榮心。

案例：得失心過重以及渴望被欣賞的女孩

有個十五歲的女孩，她來自非常貧寒的家庭，上頭還有一個哥哥。在她小時候，哥哥常常生病，母親不得不騰出許多精力來照顧他。她出生後，母親就沒多餘的精力照顧她，甚至父親也病倒了，母親可說是分身乏術。

於是這個女孩特別敏感，非常在意別人的目光。她渴望得到別人的關心呵護，但在家裡無法被滿足。後來父親的病痊癒了，妹妹接著出生，母親便把精力都放在照顧嬰兒上。結果，這位少女覺得自己是家中的孤兒，得不到任何的關愛與憐惜。她不停地奮鬥，在家裡表現非常好，在學校也是個出色的學生。她的成績很優異，父母認為她應該繼續升學，於是把她送進高中。那裡的老師完全不認識她，她也不熟悉新的教學方式，成績開始衰退。在老師的批評下，她一步步失去信心。她太渴望得到別人立即的肯定，但在家裡或學校都不能如願，那她該怎麼辦？

她四處尋找能欣賞她的人。幾次嘗試後，她離家出走，跟一個男人同居了兩個星期。家裡人非常著急，想方設法要找到她，接下來的發展不難猜到。不久後她就發現，她所渴求的讚賞沒有出現，於是開始後悔自己的決定。她想到的第一個念頭是自殺，於是給家人留下一張字條：「不要為我擔心，我服毒了，我很快樂。」事實上她並沒有服毒，我們也能理解為什麼。

父母真的很疼愛她，她認為自己能激起他們的憐憫之心。所以她沒有自殺，而是等著母親來找她，帶她回家。若這個女孩熟悉心理學的觀念，便會知道這些嘗試都是為了得到他人欣賞，也就不會惹下這些麻煩。這位老師有此認知的話，也能阻止相關問題的發生。在此之前，女孩的成績一直很優秀，如果那位老師知道女孩的得失心很重，需要被用心對待，她的處境就不會令她如此挫折。

再舉一個案例。某個女孩的父母個性優柔寡斷。本來母親想要生男孩，所以生下女兒後感到很失望。母親的確是重男輕女，女兒肯定也覺察到這一點。她不只一次聽見母親對父親說：「女兒一點都不漂亮，長大後恐怕沒人會喜歡她。」母親又有次說：「這孩子再長大一些後，我們該怎麼幫她呢？」女孩就在這種負面的氛圍下長到十歲。有天她發現母親的朋友寫來一封安慰的信，說不用為了生下女兒而煩惱，反正她還年輕，有機會可以再生一個兒子。

我們可以想像這個女孩的感受。幾個月後她去鄉下親戚家裡，遇見一個不大聰明的男孩，兩人談起了戀愛。後來男孩離開了她，而她的人生就越走越歪。我見到她的時候，她已經有一大堆情人，但是沒有人讓她感受到愛與敬重。她來找我問診，是因為她飽受焦慮問題所困擾，不敢獨自出門。她不斷索求他人的讚賞，並不斷嘗試各種方法，直到成功為止。她也開始用身體的疼痛和病情來吸引家人的擔心。除非她首肯，否則大家做什麼事都沒用。

她只會一哭、二鬧、三上吊，用不講理的方式控制全家人。這個女孩必須看清自己的真實處境，並打從心裡瞭解，處於青春期的她太急著要擺脫不被欣賞的感覺。但要說服她並不容易。

「男性欽羨」（Masculine Protest）

青春期的男孩和女孩都會過度重視並誇大他們的性關係。他們想證明自己是大人了，但又做得太過火。有個女孩不斷跟母親對抗，總認為對方在壓制自己，於是過著濫情濫性的生活，以示抗議。就算母親不知道這種情況，她也感到無所謂。事實上，母親若為此焦慮不安，她反倒會十分高興。

我不時碰到這樣的女性患者：跟母親或父親大吵一架，就跑到街上隨便找人發生一夜情。這種女孩通常是大家心目中的好孩子，受過良好的教育，但誰都想不到她竟會如此墮落。我們可以理解，這樣的女孩並非十惡不赦，只是成長過程出問題。她們覺得自卑沒地位，還以為只要縱欲無度，就能恢復自己的優越感。

很多被嬌慣的女孩覺得自己很難適應女性的角色。在我們的文化裡，這種印象很普遍：男性優於女性，因此女孩子不喜歡當女人，這心態我稱之為「男性欽羨」。男性欽羨有很多種表現形式，最常見的就是討厭男人、迴避男人。有時她們會過度喜歡男人，但又羞於跟他們打交道，無法與之對談。有男人在場的聚會，他們就不願意參加；一出現性方面的話題，就會表現得非常不自在。她們到了一定的年齡後，會堅定地聲稱自己想結婚，但是又不願意接近異性，與其發展友誼。

有些青春期的女孩子會強烈表現出對女性角色的厭惡，舉止變得活潑直率，更有男孩子氣。她們模仿男孩的言行，尤其是惡習，比如抽菸、喝酒、講髒話、加入幫派、性生活放縱。

她們常常辯解說，如果不這樣做，就吸引不到男孩子。對女性角色的厭惡情緒若不斷蔓延，她們就可能變成同性戀、做出性變態的行為，甚至去賣淫。妓女從小就確信，沒有人會喜歡自己，反正天生就是賤種，永遠不會獲得男人的真愛或關心。可想而知，在那樣的心態下，她們多麼容易自我墮落，輕視自己的性別角色，只看作是賺錢謀生的工具。這種對女性身分的歧視不是起源於青春期，而是從幼年時代就不喜歡當女孩子，而到了青春期時，她們才有需求和機會來表達這種厭惡之情。

深受「男性欽羨」之苦的人不僅是女孩子，也包括那些過分看重男子漢氣概的男孩子。他們把陽剛氣質當成目標，並總是懷疑自己不夠強健，不足以達到標準。我們的文化過度強調男子氣概，不僅對女孩造成莫大的壓力，男孩也是舉步維艱、無法達標。孩子對自己的性別角色還沒完全認同的話，其所受到的打擊就尤其嚴重。許多孩子已經不小了，還是迷迷糊糊地相信，有一天自己的性別會改變。因此，家長必須掌握很重要的一點：孩子在兩歲時就應該明確地知道自己是男孩還是女孩。

有的男孩子會有部分女性化的外在特徵，而他們的成長過程會有點辛苦，因為陌生人時常會搞錯他們的性別，甚至親友也會對他說：「你真應該是個女孩子！」他會把自己的外表當作是缺陷，還把戀愛和婚姻問題看作是嚴峻的考驗。他對自己的性別角色沒有信心，到了青春期時，就更容易去模仿女孩的特質，變得陰柔無比，並沾染上嬌嬌女的惡習：輕佻、做作、喜怒無常。

不要強迫孩子接收性知識

每個人應對異性的態度是在四、五歲期間打下根基。性衝動在嬰兒降生的最初幾週就表現出來了，但若沒有合適的管道，還是不宜去刺激它。假如性衝動沒有受到刺激，而是順其自然地表現出來，那倒無需緊張。例如，一歲的幼兒對自己的身體部位充滿好奇，就不用擔心，只需利用自己的影響力與孩子溝通，讓他減少對自己身體的興趣，而把注意力轉移到周圍的世界。如果他這種自我欣賞的舉動停不下來，那就另當別論了。此時我們可以肯定，孩子有自己的意圖：他不是受性衝動所影響，而是要透過這個舉動來實現某個目的；通常來說，就是為了要贏得注意。孩子若發現，這個舉動會令父母緊張、害怕，便會知道如何喚起他們的情緒。這些舉止如果不再能夠吸引父母的注意力，他就會放棄。

前面提到，不要讓孩子身體受到刺激。但是父母與孩子相處時，彼此都會表現得極其親暱。父母經常擁抱並親吻孩子，他們知道這樣不對，但又不該表現得太冷漠。其實，他們不應當刺激孩子們的生理反應和情感。經常有孩子告訴我（或成年人在回憶童年往事時），他們在父母書房裡看到色情書刊或影片時被激發的衝動。當然，最好不要讓孩子接觸這類書刊或電影，只要避免刺激他們，就不會產生任何麻煩。

還有一種類型的刺激我們也提過，就是長期給孩子一些非常不必要、不適當的性知識。許多成人非常熱衷於分享性知識，他們深信，孩子長大後對性事一無所知非常危險。只要回顧自己或他人的成長過程，就會知道這種危險根本就是空穴來風。合理的做法是：等到孩子感到好奇，並希望有所瞭解時再傳授適當的性教育。父母用心的話，無需等孩子開口，就知道他們對性知識有多麼感興趣了。孩子跟父母沒有隔閡的話，就會直接發問；父母也會設法深入淺出地讓孩子吸收消化那些知識。

明智的父母會避免在孩子面前做出卿卿我我的舉動。條件允許的話，孩子不要和父母睡在同一間臥房，更不要睡在同一張床上。此外，女孩不要跟兄弟睡在同一個房間裡。父母應該高度留意孩子們的發育狀況，不能夠掉以輕心。他們應多瞭解孩子的性格和生活目標，才能知道孩子在什麼地方受到哪些影響。

青春期只是一個過渡期

有一種說法很普遍，就像迷信一樣：青春期是極為特殊又奇異的時光。人們通常會賦予某些成長時期過高的個人意義，當作是重大的人生轉折。對許多人來說，他們對青春期的認知差不多等於更年期。

這些階段其實沒有帶來劇烈的變化，它們只是生命的過程，其現象也沒有什麼特殊的重要意義。其重要性只在於，個體對這一階段有怎樣的期許，他所賦予的意義，以及他怎樣學會面對它。

青春期剛剛到來時，常常令人不知所措，彷彿看見幽靈一樣。只要把前因後果弄明白，我們就會發現，孩子完全沒有受到青春期所影響，但為了要滿足社會要求，他們得改變一些生活習性。許多孩子都認為青春期是童年的結束，所有的價值和意義都消失了。他們再也不能與人合作、為他人有所貢獻，再也沒有人需要自己。正是在這樣的心情下，青春期的各種問題便產生了。

孩子透過教育認識到自己是社會的一份子，與他人平等，其本份是為社會付出心力。尤其重要的是，他應該瞭解到，異性是與自己平等的夥伴。在青春期，我們就有機會找出有創造性又獨特的解法，以應對成人生活的問題。

有些孩子感到自己低人一等，又接收了錯誤的觀念，於是無法充分享受青春期的自由。若身旁有人不斷耳提面命，教他完成必要的事項，他就能完成任務，但當他自由時，就會膽怯、猶豫而不知所措。這樣的孩子在聽命於他人的環境中能活得很好，但是在自由社會裡將一事無成。

第九章

犯罪及其預防

他逃避體力勞動，也不願承擔團體生活的義務。

他覺得自己沒能力取得一般人的成就。

然而，逃避合作只會加劇他生活的困境……

他會發展出一種廉價的優越感來掩蓋自卑感，

想像自己何等英勇、出類拔萃。

不過，生活陣地的逃兵可稱作英雄嗎？

透過個體心理學，我們開始瞭解各種類型的人，但事實上，人與人之間沒有明顯的差異。

在罪犯身上所呈現的錯誤，跟問題兒童、精神官能症患者、精神病人、自殺者、酗酒者和性變態如出一轍，都是面對人生問題的方式錯了。在每一個關鍵的要點上，他們所犯的錯誤一模一樣。無一例外地，他們都缺乏社會興趣，毫不關心周圍的同伴。即便如此，他們也不是與常人不同的特殊族群。沒有人具備完美的合作精神和社會情緒；普通人也會犯下跟罪犯一樣的錯誤，只是程度低得多。

想瞭解犯罪行為，還有一個關鍵要點，而我們大部分人也有這問題。每個人都想克服困難，想達成某個目標，感覺自己強大又有優越感，人生更完整。美國哲學家約翰·杜威準確地指出，這種傾向就是為了追求安全感，也有人看成是自我保護的天性。不管我們如何命名，在人類身上都能找到這條行動的軸線：從低階邁向高段、從失敗走向勝利、從窪地攀升到高峰。從幼年時代我們就開始奮鬥，直到生命的盡頭。

所謂活著，就是設法待在這個星球上，不斷地跨越障礙、克服困難。因此，用不著大驚小怪，我們的確和罪犯有完全相同的傾向。從罪犯的行動和人生態度來看，他也在努力追求優越感，設法解決問題、克服困難，所以差別處不在於我們比他努力，而是他的努力方向有問題。他會選擇錯誤的道路，是因為他沒有理解社會生活的要件，也不關心其他人。否則他的行動目的其實非常清楚。

特別強調這一點，是因為總有人會持不同的觀點。他們認為罪犯是一個奇特的族群，跟常人不一樣。有的學者還斷言，犯罪分子智力都不高。還有人強調遺傳因素，認為這些人生來就很邪惡，無法控制自己的舉動。還有一些人主張，犯罪行為完全取決客觀環境，也就是說，人一旦成為罪犯，就永遠無法教化！我們現在有大量證據足以駁斥這些觀點，也應當瞭解，若接受那些觀點，就等於放棄希望，不想徹底解決犯罪問題。

在這個時代，根除罪行更是要務。從全人類的歷史來看，犯罪問題是社會的沉痾，一定要採取措施解決，但卻總有人想擱置不理，說什麼「這一切都是遺傳，我們無能為力」。這種論調怎麼令人信服？

無論是外部環境也好，遺傳因素也好，都不構成犯罪行為的必然因素。同一個家庭和環境下成長的孩子，不見得會走上一樣的成長之路。有的罪犯來自無可挑剔的完美家庭；有些家庭不大光彩，家人進出監獄多次，但也出過品行端正的孩子。

另外，也有不少犯罪分子悔過自新，重新做人。犯罪心理學家對此感到很困惑，有的竊賊三十歲過後便金盆洗手，變成好公民。這種現象如何解釋？按照環境決定論的說法，犯罪是與生俱來的缺點和傾向，不可能改掉；因此他們無法理解上述的事實。從我們的角度來剖析，就很容易找到答案：罪犯的處境變好後，人們對他的要求變少，他就沒有機會用上錯誤的生活習性。或許他已得到他希望擁有的東西，沒有必要再鋌而走險。還有一種可能性：上了年紀後，身體變胖、關節僵化，身手不再敏捷，行竊等犯罪活動對他來說成為不可能的任務。

缺乏合作能力是罪犯的特徵

在深入討論之前，我先要排除「犯罪分子全都是瘋子」的觀點。有些罪犯是精神病患者沒錯，但其所犯下的罪行是另一回事。他們無法對自己的罪行負責；他們會做錯事，是源於社會不理解他們，用錯誤方式對待他們。同樣的道理，有智能障礙的犯罪者也不應被究責，他們常被人利用，而背後的藏鏡人才是真兇。那些人欺騙身心障礙者，並誇大任務成功後的美好景象。障礙者的想像力和貪欲被激起，而教唆者卻藏在暗處，讓別人去當犯罪計畫的犧牲品，還不用承擔被懲罰的風險。當然，同樣的情況也會發生在年輕人身上。他們被年長、經驗老到的罪犯利用，後者躲在暗處策劃犯罪行為。青少年被利誘，替那些慣犯完成計畫。

現在讓我們回到先前提過的人生主軸。犯罪分子跟其他身分的人都一樣，都在努力實現目標，盼望能獲取最理想的地位。這些目標大大小小各有不同，而罪犯的目標都是在個人層次上要超人一等，他們所奮鬥的事業不可能對他人有益。他們不是合作型的人。社會需要成員支持，而人與人需要互助，以創造共同利益，因此合作能力必不可少。但罪犯的目標不包括為社會創造共同利益，這就是他整個犯罪生涯的特色。稍後我們會再談到這個緣由。

現在要說明，若想理解一名罪犯，重點就在於探究其合作精神有多低落。罪犯的合作能力各不相同，有的人程度較高，所以還能克制自己，只會做些小奸小惡，絕不敢越雷池一步。但某些罪犯卻想要犯下滔天大罪。總之，有些會變成帶頭老大，有些是小嘍囉，各種罪犯的生涯發展不同，得進一步研究他們的生活習性。

生活習性很早就確立了，在四、五歲期間，旁人就發現其活動的主要特徵。因此，沒有人能輕而易舉地改變生活習性，那就是個性；要改變的話，除非當事人找出個性形成時自己所犯下的錯誤。可想而知，哪怕罪犯受到多次懲罰，經常被人羞辱和藐視，他們還是看不起社會生活中的美好事物，也不思悔改，一犯再犯。經濟困難不是他們犯罪的主因，無可否認的是，時機不好、人民負擔過重，犯罪率的確會上升。資料表明，有時犯罪率與小麥價格會同步攀升，但這並不能證明經濟狀況是犯罪的誘因，只能說明很多人的行為受到限制。

個人的合作能力有限，一旦達到臨界點，就無法繼續對社會有所貢獻；他在失去最後一點互助精神後，就會走向犯罪之路。從其他事實中我們也發現，處境良好的話，大多數人都不會犯罪，但是如果一出現令人猝不及防的難題，就可能會鋌而走險。這時最重要的是生活習性，也就是應對問題的方法。

根據個體心理學的理論與實務研究，我們可以明確地而扼要地斷定：罪犯對其他人不感興趣。他與人的合作程度非常低，只要耐心被磨光，就會轉向犯罪之路。也就是說，只要出現無力解決的難題，他就承受不住了。想想看，每個人會面臨哪些生活問題；再想想看，罪犯無力解決的問題有哪些。讀者應該發現一個有趣的現象：說到底，生活問題無他，就只有社會問題；而唯有關心他人，才能解決此難題。

教化犯人要從培養合作能力開始

個體心理學告訴我們：生活問題可以分成三大類。

第一類問題是與他人的關係，也就是友誼。有時罪犯也會有自己的朋友，但那只是同夥，他們結成幫派，對彼此表現忠誠。但不難發現，他們的行動範圍大大縮小，不能在社會交更多朋友，特別是一般大眾。他們覺得自己被放逐了，和周圍人在一起時感覺很不自在。

第二類問題跟職業有關。每當被問到這類問題時，很多罪犯的回答都一樣：「你不知道現今勞動條件有多惡劣！」他們覺得工作是可怕的苦差事，也不願像其他人那樣刻苦耐勞地生活。有益的工作有兩個元素，即關心他人，以及對社會有所貢獻，然而這層意義在罪犯的人格中不存在。他們從小就缺乏合作精神。

此外，多數罪犯對於工作毫無對策，他們大都沒有受過培訓，更無一技之長。從他們以往的經歷就能看到，他們在入學前就遇到困難，對什麼事都沒興趣，上學後也沒有改善。他們從來沒有學過如何與人合作，而這方面的能力需要有人指導與訓練。罪犯始終沒有這些經歷，所以無力解決就業方面的問題。由此可見，他們的罪責不完全在自己身上。試想看看，若有人從未上過地理課，卻被迫去參加相關考試，其結果會如何？只有兩種：全部答錯或交白卷。

第三類問題是關於愛情。婚姻要美滿而幸福，關鍵在於雙方關心彼此，並能攜手合作。罪犯入獄時有半數被發現患有性病，由此可知，他們對感情問題總是貪求捷徑。他們把戀愛對象看作一件商品，並認為愛情用錢就能買到。性生活就是征服和豪奪，伴侶是佔有和被佔有的關係，而不是人生的夥伴。很多犯人說：「沒有得到想要的一切，那活著還有什麼意思？」

由此可見，想要教化犯人，便應該從這方面著手：教會他們與人合作。監禁而不加以教育，等他們服刑完出去後，還是會繼續危害社會。但在當前的社會風氣下，沒人想討論這件事。社會只想根除犯罪分子，但是事情沒這麼簡單。我們還應該想想：「他們還沒有準備好要適應社會生活，該怎樣幫助他們？」

不管是哪方面的生活問題，合作能力都是不可或缺的。我們每時每刻都需要與他人合作；此能力的高低就表現在我們的視聽以及言談方式。依照我的觀察，罪犯在這方面都迥異於常人。他們的語言跟常人有差異，而他們的智力發展可能受此影響很深。每個人在說話時都期待他人能聽懂。相互理解是社會構成的要素；我們對詞語賦予共同的意義，以他人能理解的方式進行溝通。但罪犯在這方面有所不同，他們有一套個人的邏輯和思路。觀察他們如何解釋自己的罪行，就可以發現其與眾不同之處。他們絕不愚笨，也沒有智能障礙。其實他們都想追求不切實際的優越感，從這個角度看，他們的說詞就很容易理解了。

有個罪犯說：「路上有個人的褲子很好看，但我沒有，所以我要殺了他。」我們姑且承認他的欲求有其重要性，他的生活方式也無需對社會有益，那麼他的說詞有其道理，但不符合社會常規。

最近在匈牙利發生一樁刑事案件，有幾位婦女被控多次犯下投毒殺人的罪行，其中被送進監獄的一人說：「我的兒子生病了，他又好吃懶做，我只好把他毒死。」既然她找不出與其合作的方法，那她還能怎麼做？她算得上是聰明人，只是看待事物的方式（即「統覺基模」）跟常人不大一樣。因此我們就不難得出結論：罪犯一看見吸引他們的東西，不會去費力爭取，而是要從充滿敵意的世界（他們對這個世界毫無感情）中強奪到手。他們受制於錯誤的世界觀，過分高估自己的價值，且低估他人的重要性。

然而，這還不是缺少合作精神所產生的主要特點。犯罪分子都是懦夫，一旦無力解決問題，就會刻意逃避。姑且撇開他們的罪行，先研究他們在生活中怯懦的一面。其實，他們犯罪時也會顯露出膽小的一面。他們喜歡孤身隱藏在黑暗中，在被害人出現時馬上掏出武器，以免對方有餘裕反擊。

犯罪分子都以為自己膽量不小，但其實只是虛張聲勢罷了。罪犯想演真英雄，但終究只是蹩腳的懦夫。他們想實現自己虛幻的優越感，還自認是英雄，但實際上他們的統覺基模有問題，才會與現實脫節。

若他們明確意識到自己是懦夫，也知道外人都看在眼裡，那他們一定會驚慌失措。他們不時在想：「那些條子抓不到我。」一想到自己比警察能幹，那份虛榮心和驕傲就即刻膨脹起來。的確，仔細調查每個罪犯的經歷，應該都有成功逃脫的經歷。這個事實真令人沮喪。

他們落入法網時，應該會想著：「這次是我不夠聰明，憑我的能耐，下次一定能贏過條子。」他們一旦僥倖逃脫，就會覺得自己很了不起又有成就感，還會得到同夥的敬佩和羨慕。

養成罪犯各方面因素

不少人會佩服罪犯的膽量和聰明，這迷思一定要打破，但該從哪裡著手呢？起點就在家庭、學校和感化院；稍後我會具體寫明最適當的場所。眼下我們先深入探討罪犯的生活環境，也就是阻礙他發展出合作能力的地方。

家庭

有時我們必須把責任歸咎於他們的父母。有些母親缺乏足夠的技巧來帶領子女一起合作；有些母親則是太能幹了，不需要任何幫手；當然，有的母親本身就沒有合作能力。在不幸福的家庭或單親家庭中，孩子很難發展出良好的合作精神。最早跟孩子接觸的人是母親，有時她並不想擴大孩子對外界的興趣，包括對父親、其他孩子或大人的關注。

此外，我們前面談到，有些孩子原本覺得自己是家中的核心人物，但在他三、四歲的時候，另一個孩子降生了。老大感受到危機，眼看自己的地位要被取代，於是拒絕與母親和弟弟妹妹合作。這些因素都必須列入考慮。再者，回顧罪犯的過往經歷時，我們總會發現，在他年紀很小的時候，家庭生活就出現矛盾。但關鍵因素不在於環境，而是他誤解自己在家裡的處境，而且旁邊又沒有人來澄清。

家中若有孩子表現得特別優秀，或者能力出眾，那麼其他兄弟姊妹會有點難受。這樣的孩子吸引太多注意力，讓其他孩子相形見絀、失去信心。他們不願意合作，一心只想贏過對方，但又沒有足夠的勇氣。失寵的孩子非常多，成長過程也很不快樂；從來沒有人教他們如何運用自己的能力。這些孩子很多變成了罪犯、精神病患者或走上絕路。

學校

在入學的第一天，老師就能從這些孩子的行為舉止中察覺到他們缺乏合作意識。他交不到朋友、不喜歡老師、注意力無法集中、上課不能專心聽講。我們必須帶著同情心來理解他的處境，否則他的成長會嚴重停滯。他不斷受到申斥和指責，但沒有人鼓勵他，也沒有人教他學會合作。

不意外地，他非常討厭上課。他不斷地忍受打擊，勇氣和自信一點一滴消失，他對學校生活一點興趣都沒有。許多罪犯都曾在中學二、三年級時被老師責罵，說他們愚笨。他們感到人生充滿阻礙，一點一滴失去對他人的興趣，生活目標也開始朝向無用的領域。

貧窮

貧窮常容易讓人誤解了生活的真諦。貧苦人家的孩子一走出家門，迎面而來的就是各種歧視；而家中物資貧乏，煩人和悲傷的事卻很多。他很小就得出去賺錢，幫父母撐起這個家。後來，他看見富人的日子過得很輕鬆，想要什麼買就有了。於是他感到憤憤不平：為什麼他們有權過那種優裕放縱的生活，而自己卻那麼辛苦？所以，大城市裡的犯罪率居高不下，就很容易理解，畢竟貧富懸殊那麼嚴重。這種無益的比較就來自嫉妒心。在這種環境下長大的孩子還會形成一個錯誤觀念：建立優越感最好的方法就是不勞而獲。

生理因素

造成自卑感的主要原因還有生理缺陷。我率先發現這一點，但多少有點內疚，因為這等於為神經學和精神病學的遺傳理論鋪路。我一開始撰寫生理缺陷和心理補償相關的書籍時，就有發現這個危險。

自卑感的源頭不是個人的生理組織問題，而是他所受的教育。只要觀念正確，有生理缺陷的孩子就會愛自己也愛別人。他們天生背負著沉重的包袱，必須有人幫他擴展對他人的興趣，否則他就只會關心自己的福祉。

許多人都患有內分泌失調的病症，但我必須聲明，內分泌腺體的運作狀態沒有一定標準。內分泌腺體的運作方法有許多種，不一定會破壞人格的發展。若想找到正確的改造方法，讓這些孩子變成關心他人、富有合作精神的好公民，那麼這個因素就不必考慮。

孤兒、私生子與相貌特殊的孩子

在犯罪分子中，孤兒占了很大的比例。在我看來，社會至今還不能幫助這些孤兒培養合作精神，是我們文化的莫大恥辱。私生子的情況也很類似，他們身邊沒有對象可培養感情，沒辦法進而關心周圍的人。被遺棄的孩子很容易投入犯罪活動，尤其當他們知道（或覺得）沒有人願意接受自己。

犯罪分子中有些相貌十分醜陋，有人就以此證明罪犯的遺傳性。但請同理一下他們的心情！他們的處境非常不利，有些人是混血兒，但沒能產生漂亮的外表，並遭到社會所歧視，一生都會被陰影所籠罩。他們不曾有過一般人都極其懷念的時光：歡樂、充滿活力的童年。因此，接受適當的教養，孩子才能發展出對社會的興趣。

有趣的是，在少年或成年的罪犯中，有些人的外表極為英俊。既然有人把罪犯歸為不良基因的受害者，所以他們才會長得醜陋、帶有生理上的殘缺，包括身體畸形或唇顎裂等。那麼那些相貌堂堂的犯罪分子又該怎麼解釋？實際上，這類人也是生長於不利於培養社會興趣的環境；都是從小就被寵壞了。

缺少合作精神的教育才是主因

犯罪分子可以劃分為兩類：第一類人知道世界上有合作關係這回事，但從來沒有體驗過。從外表上就能看出，他們對於世人總是抱有敵意，每個人都是他的眼中釘。他從來沒有得到過別人的讚賞。另一類犯罪分子從小就被寵壞了。因犯常在供詞中抱怨說：「我之所以走上犯罪道路，就是因為媽媽太寵我了。」這一點值得再詳細討論，但我要先強調，形成犯罪的原因多種多樣，但是有一項是共同的：沒有人教他們正確的合作方法。

父母都想把孩子培養成好公民，但是不知道該怎麼做，若只用專橫、嚴苛的態度，就不可能成功。另一方面，溺愛孩子、讓他一直成為被關注的焦點，他反而會誤以為，他天生就非常重要，所以不需要付出創造性的努力去贏得眾人的好感。這樣的孩子失去奮鬥的能力，他們總希望別人關注自己，期待著從他人那裡獲取好處。他們只想走捷徑去獲得滿足感，找不到的話就會怪罪環境。

案例說明

以下提出幾個案例，看看我們的觀點能否得到印證。而這些例子都不是為了說明個體心理學而寫的。

熱血約翰

第一個案例摘自美國犯罪學家格呂克夫婦（Sheldon and Eleanor T. Glueck）所寫的《五百名罪犯的經歷》（*Five Hundred Criminal Careers*）。其中有個男性名為「熱血約翰」，他是這樣講述自己的犯罪生涯：「我從沒想過自己會變得如此放縱。在十五、六歲時，我還是和別的孩子一樣守規矩。我喜歡運動，也經常參加比賽。我喜歡去圖書館借書。每天早睡早起，各方面表現都很好。後來父母要我輟學去工作，還拿走我全部的工資，每個星期只給我五十美分零用錢。」

一開始他就在指責父母了。若能追問他和父母的關係為何，並瞭解到他整個家庭的狀況，就會知道他的心路歷程。現在姑且斷定「他的父母並不懂合作的意義」。

「我工作滿一年時，開始跟一個女孩子交往，這女孩特別愛玩。」

這樣的經歷在罪犯的自述中屢見不鮮：喜歡上愛玩的女孩。回想一下我們之前提到的，這就是合作程度的考驗。他跟一個愛玩的女孩交往，可是他每星期只有五十美分的零用錢。這個局面顯然不是談戀愛的最佳條件。世上還有很多女孩，看來他沒有選對人。如果是我，我應該會說：「她這麼愛玩，顯然不適合我。」生活的事情總有優先順序和評判標準。

「在那些日子裡，每週五十美分怎麼夠一個女孩玩樂呢？哪怕在我們那種鄉下小地方。可是老頭不肯給我更多的錢。我氣得不行，腦子裡成天在盤算：怎樣才能弄到更多的錢？」

依照常理，我們會想著：「試試看，周邊也許有好機會，看能不能賺更多錢。」可是他不想費那個功夫，談戀愛也只是為了自己的快樂，而沒有別的目的。

「有一天來了個同伴，很快就跟我混熟了。」

陌生人出現時，對當事人是新的考驗。有良好合作能力的男孩，絕不可能被煽動去犯罪，但這個男孩子正面臨邪惡的誘惑。

「他是個好手。（意謂：技術嫺熟的神偷，頭腦活絡，是個好拍檔，懂得『有福同享』。）我們犯了很多案子，每次都得手。」

聽說他的父母離了婚，各自建立了新的家庭。父親是工廠裡的工頭，所得收入勉強能維持開銷。這個男孩家裡共有三個孩子，除了他為非作歹外，家裡的人都很規矩。若有迷信遺傳論的學者能解釋這個事實，我一定會非常歡迎。

這男孩子坦承說，自己在十五歲那年有了第一次性經歷。肯定會有人說他性欲旺盛，但他並不在乎別人怎麼議論，只是一味求歡。任何人都有這個傾向，畢竟放縱自己一點都不難。他也希望成為性愛高手，獲得同道中人的欣賞。

十六歲那年，他夥同他人入室行竊，因而被拘捕了。他還有其他方面的愛好，由此證實了我們此前的判斷：他希望自己有一幅征服者的外表，從而能吸引女孩們的注意力。他還想把錢花在她們身上，以贏得她們的好感。他戴了一頂寬邊的大簷帽，脖子上繫著紅色的花綢巾，腰帶上別了一把左輪手槍。他聲稱自己是某個亡命之徒。他很愛炫耀，總想展現出英雄的外表和儀態，然而又不知道該怎麼做。對於警方所指控的犯罪行為，他全都供認不諱，還聲稱「你們不知道的還很多」。他一點也不在乎別人的財產權。

「我不覺得活著是有意義的，我鄙視全人類。」

這些有意識地說出來的想法都是無意識的，他並不瞭解它們的真實含義，也不知道當中的關聯。他只感到活著是一種負擔，但又不知道為何內心如此空虛。

「我學會不相信任何人。他們說做賊的不會互相欺騙，其實會的。有個同夥我對他仁至義盡，可是他卻恩將仇報。

「我有錢的話，就會過著誠實又正大光明的生活。也就是說，不用工作、錢又夠多的話，我就可以隨心所欲。我從來就不喜歡工作，討厭工作，這輩子都不想努力。」

這段陳述可以理解為：「我會為非作歹，就是因為內心太壓抑了。我被迫壓下各種欲望，所以才會走上犯罪的道路。」這一點值得我們認真思考。

「我從來沒有哪次是為了犯罪而犯罪。當然，有時內心會出現一股衝動，驅使我開車到某地撈一票，然後就走人。」

他認為這些勾當是英雄壯舉，而不是懦夫的行為。

「有次我身上帶了價值一萬四千美元的珠寶。但這種快樂遠比不上去找我女朋友。於是我用珠寶換一點現金，打算花個痛快，可就在這個時候就被抓到了。」

這些人錢花在女友身上，輕鬆地獲得成就感，還認為這才是成功的人生。

「監獄裡也有學校，我想多學點本事，但不是為了洗心革面，而是要變得更厲害，出社會才能幹更大票的。」

這種態度傳達出對人類的痛恨與厭惡，但這是他一貫的想法，他說：

「我有兒子的話，一定會扭斷他的脖子。不該讓他來到這可悲的世界，我絕不會犯這種錯誤。」

怎麼改造這個人？只有一個辦法，那就是改進他與別人合作的能力，向他指明他的生活觀點錯在哪。找出他童年時代的錯誤認知，才可能說服他。我並不知道他童年時發生什麼事，但他提到的事我認為都不重要。他小時候一定發生了某個特殊事件，所以才會成為全民公敵。我猜想，他應該是家裡的老大，像許多長子的遭遇一樣，一開始很受父母寵愛，弟弟妹妹出生後，他感到自己的榮寵地位喪失了。若我的猜測沒錯，那麼任何一點小事情都會削弱這個孩子合作能力的發展。

約翰接著說，他後來被送進一所青少年感化院，並受到非常粗暴的對待，所以在離開時心中積滿了對社會的強烈仇恨。

關於這一點，我必須從心理學家的角度說兩句。在監獄裡，犯人受到粗暴虐待時，都會當作是挑戰，是在測試自己的力量。同樣地，罪犯聽見別人說「必須遏止這股犯罪的風氣」，也會視為挑戰。他們一心要逞英雄，若有機會以身犯險，他們會非常高興。他們會當成在參加競賽；社會激發了其鬥志，讓他們越戰越勇。他們自以為在對抗全世界，所以只要有人提出挑戰，他們的反抗動力就更強大。因此，面對問題兒童時，最大的錯誤就是挑釁他們：「看看誰更厲害！看看誰能撐到最後！」這些孩子和罪犯一樣，都會陶醉在「我要變強」的念頭中。他們頭腦夠靈活的話，就能在做錯事後全身而退。在少年感化所裡，有時獄卒會挑戰犯人，這種作法一點好處也沒有。

死刑犯的告白

接下來我會節錄一個殺人犯的日記，他因其罪行被判處了絞刑。他殘忍地殺害了兩個人。他動手前會把動機寫下來，所以我才有機會一窺罪犯頭腦裡的詳細計畫。事先謀劃好，才能實現犯罪目標，而且罪犯總能找到正當的犯罪理由。研究這種供詞的相關文獻後，我發現，其內容都不會寫得簡單而直白，且總是在為自己辯護。這就是社會情緒的重要性，即便是犯罪分子也想滿足某些道德觀。不過，他在犯罪前，又必須設法消滅他內心懷抱的社會情緒，並破壞社會興趣的防護牆。

在杜斯妥也夫斯基的長篇小說《罪與罰》裡，主人公拉斯科爾尼科夫在床上躺了兩個月思考自己是否應該去殺人。他不斷自問：「我是拿破崙，還是一隻寄生蟲？」犯罪分子總會自我欺騙，用這種虛幻的認知來激勵自己。

在現實生活中，罪犯都知道自己的生活方式有問題，而他也知道健康生活的標準。然而，他拒絕把日子過好，是出於內心的怯懦，他害怕自己沒能力成為對社會有用的人。社會方面的問題得透過合作來解決，可他從來沒有學過這些技巧。我們前面提到，犯罪分子想要減輕自己的負擔，想為自己的犯罪行為找出正當的理由，於是把責任推給環境：「我有病在身，又找不到工作。」諸如此類的藉口。

以下是從罪犯日記裡摘錄出的自述：

「家人跟我脫離關係，我在外受盡了鄙視和厭惡（他鼻子有缺陷）。那些可怕的遭遇毀了我的人生。什麼都攔不住我，我再也不能忍受下去了。註定要被人拋棄也就算了，但我的肚子餓得咕咕叫，不能置之不理。」

為了開脫自己的罪行，理由他都鎖定在外部環境。

「有人預言說我會死在絞刑架上，但我想到的問題是：『死在絞刑台跟餓死有什麼區別？』」

有過這樣一起案例：一位母親對她的孩子預言說：「我確信有天你會勒死我。」結果這孩子在十七歲那年勒死他的阿姨。預言和挑釁在本質上沒兩樣。

「我才不關心自己的言行有什麼後果，反正橫豎都是一死。我啥都不是，沒人願意跟我有牽連。我喜歡的女孩都躲著我。」

他想吸引心儀的女孩，可是他沒有體面的衣服，也沒有錢。那女孩在他眼裡不過是一項財產，這就是他對感情跟婚姻問題的解決方案。

「到頭來什麼都一樣。我要麼拯救自己，不然就是自我了斷。」

我希望有機會詳加解釋這種心態，但先插一句話：這些人都喜歡極端的衝突或對立。他們像孩子一樣，要麼得到一切，否則就是啥都沒有：「餓死或被絞死……拯救或自我了斷」。

「在星期四那天，一切都準備就緒了，襲擊對象也選好了。等時機一到，我就會做出驚天動地的壯舉。」

他覺得自己是英雄：「這種驚人的舉動不是每個人都做得到。」他拿了一把刀在手上，突然襲擊一名男子，那人毫無防備就被他殺了。的確，這不是每個人都辦得到！

「就像羊群被牧羊人驅趕。肚子一餓，什麼嚇人的事我都幹得出來。也許我看不到隔天的太陽，反正無所謂，只要不被饑餓的感覺折磨就好。我得了一種不治之症。那些人坐下來審判我，是人生最後一樁討厭的事情。人必須為自己的罪行付出代價，而且被絞死的下場好多了。餓死的話，沒有人會注意到我。可如今有這麼多人在場！說不定會有人為我難過呢！我決定的事情都已經做到了。但沒有人像我今晚這樣恐懼不已。」

看來他並不是自以為的那種英雄！在交互詰問時，他說道：「我沒有刺中那個路人的要害，可我還是個殺人犯。我知道自己會被判處絞刑。那個人穿的衣服是那麼體面，可惜我這一輩子是穿不到了。」這時他沒有說饑餓是行兇動機；衣服此刻成了他念念不忘的物件。「我那時根本不知道自己在做什麼。」他辯解說。這種說詞大家都不陌生，雖然陳述方式略有不同。有些犯罪分子在作案前會喝酒，以逃避刑責。凡此一切都證明，這些人企圖要破壞社會興趣的防護牆。在各式各樣的罪犯記錄中，我相信都能找到以上這些要點。

體罰只會造成反效果

現在，我們從實際的角度來面對並解決問題。若我的想法沒錯，在所有犯罪記錄中，都能看到當事人對社會缺少關愛、沒有合作精神，只知道追求虛幻的個人優越感。應該怎樣解決這問題呢？無論是面對罪犯、還是精神病人，都得設法說服他們攜手合作，否則各種手段都無濟於事。這一點我已經強調無數次了。努力引發犯罪分子對全體福祉的興趣，讓他們懂得關心他人，並以合作的態度與方式去解決生活問題，那麼問題就迎刃而解了。

做不到的話，一切都免談。這個任務不像表面上那樣簡單。要激發他們的合作精神，既不能讓他們的日子過得太輕鬆，又不能為難他們。不能當面指出他們的錯誤，也不能與其爭論，因為他們的觀念已經成形了；多年以來，他們就是用這種方式在認識世界。要改變他們，就必須動搖他們認知模式的基礎，必須回溯他錯誤的根源，以及引發它們的外部環境。性格的主要特徵都是在四、五歲時成形的。從罪犯的記錄中我們發現，他們對自己和世界的錯誤認知，也是在四、五歲時埋下種子。我們得理解並修正這些基本的問題，找出他生活態度的發展軌跡。

犯罪分子會將其人生經歷都轉化為藉口，以證明自己的生活態度非常合理。假如某些經歷跟自己生活模式不相匹配，他們就會絞盡腦汁裁剪一番，讓它們聽上去更合情合理。

若有人秉持這樣的態度「別人總是貶損我、羞辱我」，他就會找出大量的證據來證實。他煞費苦心尋找佐證，而與此結論相悖的事實就會被他忽視。犯罪分子只關心自己以及其觀點。他有自己的特殊視角，從來不會注意那些違背其生活觀念的事情。因此，解析他世界觀的各項說詞與形成基礎，追溯他生活態度的發展軌跡，才能說服他。

體罰沒有任何效果，原因就在此。罪犯會更相信社會在敵視自己，於是更不想配合。罪犯在學期間也許就受過體罰。他沒有學過如何與人合作，功課很差、言行表現也很糟糕。他屢屢受到批評和責罰。若想鼓勵他與眾人合作，就不能再用體罰的方式。他的處境令其更加絕望，他感到所有人都在跟他作對。世上有誰會喜歡老是被責罵和懲罰呢？孩子失去其殘餘的自信，對功課、老師和同學都感到意興闌珊。他開始翹課，藏身於沒人能找到的地方，並結識與他同病相憐的男孩子。他們都理解他的難處，不會責罵他，反而會迎合他、激發他的野心，點燃他造反鬧事的熱情。反正他無視社會生活的常規，也就理所當然地把那些人視為朋友，把整個社會視為敵人。這些人喜歡他，跟他們在一起，他覺得很自在。

就是這樣，成百上千的孩子加入幫派。在其往後的人生，若再受到懲罰與責罵，他們就會當作新證據，證明全社會與他為敵，只有犯罪分子才是朋友。

若非一些變故，這些孩子原本不會被生活的考驗所擊敗。因此我們不該讓他們失去希望，但是要維持其信念又不是容易的事，除非學校接受我們的建議，設法培養他們的信心和勇氣。在後文中，我們還會進一步討論這個提案。而當前這個例子是為了說明：

罪犯只會把懲罰當作「社會與自己為敵」的象徵；這是他一貫的世界觀。

體罰發揮不了作用，還有其他原因。很多罪犯不喜歡自己過的生活，在人生中某些時刻還想過要自殺，所以體罰嚇不住他們。對他們用刑是無法帶來威懾力的；相反地，他們還會覺得自己在對抗警察的折磨，陶醉於造反的快感中。當他們面對自己所認定的挑戰，就會做出這些反應。

獄卒若十分嚴厲，用殘酷的方式虐待犯人，後者的反抗勇氣還會被激發出來，那種自以為比警察聰明的優越感會更加強大。如我們所見，罪犯對於一切事物的看法都是這套邏輯。他們把接觸社會大眾看作是持久戰，且一定要努力贏得勝利。假如我們以負面的態度對待他們，豈不合了他們的意？從這個意義上說，電椅死刑也是一種挑戰。罪犯把自己想像成戰士，即將與離奇的命運抗爭。刑罰越重，他作姦犯科的欲望就越強烈。很多罪犯都是以這種邏輯來構思自己的罪行。要證明這一點非常容易。被判處電椅死刑的罪犯，在生命最後幾小時，往往想到的是他本可以逃過警方的搜查：「要是沒有留下那個破綻該有多好！」

罪犯的童年經歷

改造罪犯只有一條路可走，那就是研究他童年時的經歷，看看哪些因素阻礙他發展出合作精神。幸虧有個體心理學，我們才能在一片黑暗中找到出路。兒童長到五歲時已發展出完整的心靈，他個性的大小組成元素已拼湊在一起。固然，遺傳因素、生長環境多少都會影響孩子的發展，但與其關心他給世界帶來什麼、遭遇哪些經歷，還不如觀察他怎樣運用、看待這些經歷，以及它們對他產生的影響。瞭解這些發展極其必要，因為我們對於遺傳而來的優點與缺點一無所知，不如多觀察孩子的處境與潛力，以及他能發揮多少實力。

罪犯的處境其實情有可原，他們雖有一定的合作能力，但其程度還不足以符合社會生活的標準，而首要該負責的就是他們的母親。她應該試著把孩子的焦點擴大，除了對自己感興趣，也要把心思擴大到周圍其他人身上。她必須以身作則，孩子才能對全人類以及他未來的人生感興趣。有些母親不希望孩子對其他人感興趣，尤其當她們婚姻不幸福，夫妻常吵架、互相猜忌，常在想著要離婚。在這種情況下，母親就會想全面掌控孩子的身心，嬌慣他、寵溺他，不願讓他獨立發展。不難想到，孩子合作精神的發展就極其有限了。

我們從小對其他孩子感興趣，才能順利發展出社會興趣。若母親偏愛某個孩子，那被冷落的兄弟姊妹就不樂意把受寵的孩子帶進朋友圈中，也不大想關心他。當這孩子誤解了自己的處境，就可能會走向犯罪生涯。家裡若有一個天資出眾的男孩，那相鄰的兄弟姊妹就往往是問題兒童。比方說老二非常可愛、討人喜歡的話，那他的長兄就會自我蒙蔽，沉浸在被忽視、失寵的錯誤感覺中。於是他會千方百計尋找證據證明，自己對大人的指責站得住腳。他的言行變得惡劣，並因此受到更嚴厲的對待；他內心的懷疑獲得證實，果然自己被眾人虧待、排擠。既然眾人佔他便宜，他就用偷盜的方式彌補回來，結果被警方逮住並受到懲罰，此後他更相信自己不受歡迎，所有人都與他為敵。

父母若常在孩子面前抱怨日子難過，孩子的社會興趣就會發展不良。如果他們常常當著孩子的面指責親戚或鄰居，或總是臧否他人，發表各種壞印象或偏見，孩子也會受到影響。可想而知，孩子長大後對周圍的人看法會很扭曲，也總是在跟父母鬧彆扭。社會興趣受到阻礙，孩子的頭腦裡就只剩下自我中心的生活態度。他會覺得：「為什麼我要幫別人做事？」在這種思維框架下，他不可能解決任何生活問題，而是會猶豫和逃避，也一定會找捷徑。他覺得生活很辛苦，而傷害別人也毫不在乎。他以為這是一場戰爭，任何傷害都是合理的！

接下來舉幾個事例，以幫助大家去瞭解犯罪模式的發展。

誤以為失寵的次子和長女

在某個家庭中，次子是問題兒童，就我們所知，他的身體很健康，沒有任何遺傳疾病。長子備受父母的偏愛。弟弟總是努力想趕上哥哥，兄弟兩人就像是在參加賽跑一樣，想追上領先的選手。弟弟的社會興趣沒有得到充分發展，所以極其依賴母親，大小事都要她去處理。他跟哥哥競爭時踢到鐵板：哥哥的成績名列前茅，自己卻是班級墊底。

他的統治欲和操控欲十分明顯。他以前會對家裡的老女僕發號施令，命令她在房間裡像軍人那樣踢正步，就像士兵操練那樣。那位老女僕很喜歡他，在他二十歲時還讓他扮演將軍的角色。

他常常處於焦慮中，每次接受重大的任務時總是憂心忡忡，而且實際上他從來沒有把事情做好過。一碰到麻煩事，他總能從母親那裡要到錢，雖然他也飽受旁人的批評和指責。

後來他突然結婚，生活問題變得更嚴重。他只在乎一件事：他比哥哥更早結婚，這可是重大的勝利。這種想法顯示他對自己的評價真的很低，竟然在這種可笑的事情上一爭長短。但他並沒有做好結婚的準備，所以常和妻子爭吵。母親已沒有能力再像以前那樣資助他。他訂了一台鋼琴，但沒有付款就賣掉了；因此被送進監獄。

從這段歷史中我們可以看出，他後來會犯罪，正起源於他的童年時代。他生長於哥哥的陰影下，就像小樹長期被大樹遮住了陽光。與他那位敦厚溫良的哥哥相比，他只覺得自己被怠慢、忽視了。

接下來要舉的第二個事例是一位十二歲的女孩，她很有抱負，父母親都很寵愛她。她非常忌妒妹妹的地位，不管是在家還是在學校都把她視為競爭對手。她總是試圖找出妹妹受到偏愛的證據，更在意妹妹得到的糖果和零用錢比她多。

有天，她偷同學的錢被發現，所以受到懲罰。幸好，我向她分析整個情況後，她就放棄錯誤的認知，不再執著於「我所受的待遇，樣樣都比不上妹妹」。與此同時，我又跟她家人詳細溝通，共同遏止她們姊妹間的競爭關係，並且避免讓姊姊覺得妹妹較受寵。這是二十年前發生的事。這名女孩現在已是一位端莊的婦女，結婚後已有自己的孩子。從那以後，她在生活中沒有再犯大錯誤。

「被忽視的心情」會令人走上歧路

先前已討論過，有不少情況會嚴重危及孩子的發展。在此簡要地再回顧並強調一下要點。若個體心理學的研究無誤，那我們一定得去瞭解它們如何影響犯罪分子的人生觀，這樣才能有效幫他們學會合作精神。

處境艱難的兒童主要可分為三類：生理缺陷、被寵壞、被忽視。

有生理缺陷的話，孩子會覺得自己被剝奪了正常的生理能力，唯有透過特殊訓練，讓他們培養對外界的興趣，不然他們就會過度關注自己的處境。他們會尋找管控他人的機會。我曾經手過一個案件：有個身體不好的男孩向女孩求愛遭到拒絕後，感到非常丟臉，於是夥同另一個更加年輕而愚蠢的男孩殺了那女孩。

被寵壞的孩子則非常依賴自己的父母，無法把興趣擴大到廣大的世界。沒有哪個孩子會完全被忽視，不然的話，他根本就活不過出生後第一個月。但是在孤兒、私生子、被拋棄的孩子、相貌醜陋的孩子和身障兒身上，都可發現「被忽視」的心情。犯罪分子有兩大類型：因醜陋而被忽視，或因相貌好看而受寵愛；這個道理非常容易理解。

我親身接觸過一些罪犯，也在書本和報紙上讀過犯罪行為的相關描述。透過這兩大管道，我分析出罪犯的個性，還屢屢發現，個體心理學的關鍵概念有助於我們更瞭解這些情況。現在我就從費爾巴哈（Anton von Feuerbach）撰寫的一本德文舊書當中遴選幾個案例來作說明。附帶說明一下，在舊書裡面很容易找到對犯罪心理的最佳描述。

康拉德．K

他在臨時工的幫忙下殺了自己的父親。多年來，父親確實對這個孩子冷漠又苛薄，且對待其他家人也很粗暴。有次這男孩還手了，父親便告上法庭。法官對男孩說：「你的父親行為惡劣，慣於惹是生非，我不知道有什麼解決辦法。」諸位可以看見，法官給這名男孩找了一個藉口。這個家庭設法要解決這些衝突，但是任何嘗試都沒有效果。全家人陷入了絕望中。

後來，父親帶了一個聲名狼藉的女人回來同居，還把兒子趕出了家門。男孩結識了一名臨時工，那人心性十分殘忍，建議男孩殺死父親。考慮到母親的立場，他非常猶豫。但家裡的情況越來越糟，想了許久後，兒子還是接受這個建議，在那名臨時工的協助下殺死了父親。

這個兒子無法把他的社會興趣擴展到父親身上。他非常依賴自己的母親，對她十分尊敬。在擺脫殘餘的一點社會興趣前，他還是得找到開脫罪行的說詞。他說道：「那名臨時工天生嗜血，在他的煽動下，我才衝動殺人。」

瑪格麗特・茨萬齊格

此女被人稱作「惡名昭彰的投毒殺人犯」。她自小被遺棄後在慈善機構長大。她外表瘦小，身體也有缺陷，按照個體心理學的理論，她渴望獲得讚美，急於吸引他人的注意。她太有禮貌，滿是一副巴結討好人的樣子，但在情場上幾次三番的嘗試失敗後，她幾近於絕望。最後她居然對三個女人下毒，好把她們的丈夫搶過來。

她覺得自己該有的都被奪走了，但又想不出別的辦法搶回來。她假裝懷孕、試圖自殺，希望能留住這些男人。在其自傳（許多罪犯熱衷於撰寫自傳）裡，她無意間驗證了個體心理學的觀點，雖然她並不明白為何會如此：「每次我做壞事的時候都在想，反正沒人會為我難過。既然這樣，我讓別人痛苦又有什麼關係，何必替他們擔心？」

從這些話語中，可以看出她是怎麼一步步走上犯罪之路。她驅使自己去犯罪，還找出開脫之詞。每當我提出建議，要當事人多多與人合作、要更關心他人，我最常聽到的回答是：「可是又沒有人對我感興趣！」這時我會進一步解釋道：「總得有人邁出第一步。如果對方不肯合作，那就不是你的事了。不如你主動開個頭，但不用在意他是否願意合作。」

N・L

這個人是家裡的長子，教養極差，一隻腳跛了，習慣像父親那樣教訓自己的弟弟。這樣的態度我們都能瞭解，他其實是在追求優越感，也並非毫無可取之處。不過，這也可能是出於驕傲或自我表現的欲望。後來，他把母親趕出家門去乞討，話還說得非常難聽：「滾出去，妳這老母狗！」我們為這個男孩子深感到遺憾，他連自己的母親都不當一回事。如果我們從小就認識他，那就可以親眼目睹他是怎麼走向犯罪生涯。他長期處於無業狀態，窮得叮噹響，還染上了性病。有一天他求職又失敗了，在回家的路上殺死了自己的弟弟，奪走他微薄的薪水。由此可知，這個人的合作能力非常低下：沒有工作、沒有收入，還得了性病。就是這些局限，讓個體感到自己沒有能力做事。

行騙高手

他自小就孤苦伶仃，被領養後，養母對他的寵愛超乎常人想像，於是他驕縱了起來。後來他朝著負面的方向發展。他的商業頭腦極其出色，總努力給人留下深刻的印象，希望能獨佔鰲頭。養母一直鼓勵他，並且還愛上了他。他變成了撒謊精、大騙子，不擇手段地騙錢。養父母是富裕的中產階級，但他喜歡擺出貴族的派頭，任意揮霍他們的錢財，還把他們趕出家門。

在不良的教養和無度的溺愛下，他自甘墮落，成了不務正業的浪蕩子，把欺詐、扯謊看作是必要的生活任務。在他的眼裡，每個人都是敵人，必須以智取的方式擊敗他們。養母對他的愛超過自己的親生孩子，也超過對丈夫的愛。這樣的待遇令他有種錯覺，以為自己理應為所欲為。但其實他對自己很沒信心，所以從來不覺得自己能用常規手段達成目標。

缺乏合作能力是罪犯的共同特點

前面已指出，沒有道理讓孩子們承受這些挫折感，由此造成的深層自卑感將非常不利於合作。沒有人應該在生活的問題前不戰而潰。

罪犯總是選錯了生活方式，而我們應該教他鼓起勇氣去關懷他人，學習去跟人合作。所有人都應充分理解，犯罪是怯懦的行為，而不是有勇氣的行動，如此一來，犯罪分子的辯解和藉口就不攻自破。在未來，孩子們不會再刻意去選擇一條犯罪的人生道路。

在刑事案件裡，不管罪犯本人的自白是否準確，都能從中看出，他童年時有一些錯誤的生活習性，並對他造成深遠的影響，當中最主要的就是缺乏合作能力。

這種能力必須不斷培養，而不是光靠遺傳就好。當然，每個人都有合作的潛能，它是與生俱來的，無一例外，但充分發展這種能力，就必須透過培養和實踐。

關於犯罪的各種觀點，在我看來都是多餘的，除非有人能找到一個反例：有完美的合作精神，但最終淪為罪犯。這樣的人我從未見過，也從沒有聽說過有人認識。因此，預防犯罪最正確的措施，就是讓每個人培養出合作能力。體認到這一點，人類才能有機會根除犯罪。

合作課跟地理課的教法是一樣的，它們都是真理，都可以傳授。某個孩子或成人若從來沒有上過課，去參加地理考試的話一定會不及格。同樣地，若他們所面對的處境需要合作能力才能解決，而他們又沒有受過相關的訓練，那一定無法通過測試。所有的生活問題都有賴於合作的知識。

我們對犯罪問題的科學研究大抵如此，現在必須鼓起勇氣來面對真相。經過數千年的歷史演進，人類還沒有找到正確的解法。目前眾人所運用的方法都沒用，災難仍舊沒有遠去。經由以上的探究，我們發現原因在於，從來沒有人去落實正確的措施去改變罪犯的生活習性，以免春風吹又生。這個步驟沒有做到位，任何措施都沒有效。

回顧前人的研究成果，我們發現，罪犯不是某種特殊的物種，他和其他人沒兩樣；從人性的角度來看，他的舉止行為是可以理解的。這個結論非常重要。要明白，某人犯罪不是單一的事件，而是其生活態度出了問題。因此，不要執著於事件本身，而是找出這種態度的起源，就會更有把握去處理罪犯的問題，並徹底改造他。

犯罪分子長期在非合作的思維和行為模式下磨練自己，而這些模式的建立要追溯到他童年時的遭遇，也就是大約四、五歲時。從那時開始，他就無法對他人產生興趣。前面已經談到，這種障礙跟他與父母、兄弟姊妹的關係有關。此外，他所接收的社會偏見、其處境下的各種困難也是主因。

犯罪行為的首要共同特點以及人生各種失敗的公因數都一樣：缺乏合作精神、對他人的關心以及對人類福祉的關注。若想在生活中有所作為，就必須培養和傳授這種合作能力。要實現理想的目標，沒有別的路可走，都取決於一個因素：合作能力。

罪犯跟其他失敗者有一點不同：他日復一日地累積不合作的習慣，從不間斷。他失去希望，不相信自己能克服平常的生活挑戰。當然，不少人也失去這種信心。罪犯還有一定程度的行動能力，卻把那一點精力用在毫無用處的層面。

他在這些消極面上大做文章，從某種程度來說，他還能和別人合作，只不過對象都是和他同類型的人。從這一點來看，他和精神病患者、自殺者或酒鬼不同。他被困在有限的行動範圍內，有時沒有別的選項，只能從事犯罪行為。而且在犯罪領域，他也不是十八般武藝皆通，他熟悉的招數只有那幾樣。這就是他行動的規模和範圍；他龜縮在這局促而狹小的環境裡。由此可見，罪犯是何等地缺乏勇氣，當然他註定是個懦弱的人，因為勇氣就是合作能力的一部分。

與其追求虛幻的成就感，不如好好工作

不論何時，犯罪分子的思想和感情都放在犯罪行動上。他白天思考作案計畫，夜裡做夢也在努力壓抑內心殘留的社會興趣。他總是在尋找藉口，為自己的行為開脫，並找出「迫使」他成為罪犯的環境因素和理由。

要突破社會情緒的防護網不是件容易的事情，正如良心總是會過意不去，但是如他決意要去犯罪，一定能找到方法去消除這道屏障；死抱著過去的錯誤觀念不放，或是自我催眠。我們因此更加理解，該罪犯為何能不斷地辯解自己的行為，並以此來鞏固其人

生態度。我們也才瞭解，就算怎麼跟他爭辯，也不會有什麼收穫。他用自己的眼睛看世界，也準備好各種藉口，打定一輩子就這麼過下去。探索這種態度的形成與發展過程，才有機會改變它。但我們有一項他不具備的優勢：那就是我們對於他人的興趣，據此，我們能找出真正能幫助他的方法。

犯罪分子在遇到困難時，便會開始策劃犯罪行動。他沒有勇氣以合作的方式去面對問題，反而去尋找便捷的解決方案，特別是面對金錢、經濟壓力方面的難題。像所有人一樣，他也想追求安全感和優越感；也想解決困難、克服障礙。然而，他的行動都逾越了社會常規，其目標都是個人想像的優越感。為此，他把自己當作是警察、法律以及社會機構的剋星。

實際上，這只是一場自我滿足的遊戲。他刻意犯法、逃避搜查，使盡狡猾的手段不讓人抓到。他深信，下毒殺人是多麼偉大的勝利。他自始至終都在欺騙自己、自我催眠。他在第一次說服自己後，就開始取得成果，在落入法網後只有一個念頭：「我要是再聰明一點，就不會被抓到了。」

從這全部的過程，就可以看出他的自卑情結。他逃避體力勞動，也不願承擔團體生活的義務。他覺得自己沒能力取得一般人的成就。然而，逃避合作只會加劇他生活的困境，多數刑事犯的謀生技能都很不純熟。他會發展出一種廉價的優越感來掩蓋自卑感，想像自己是何等英勇、出類拔萃。不過，生活陣地的逃兵可稱作英雄嗎？犯罪分子確實是在夢裡過完人生：他沒有現實感，還得違抗自己的理性，否則他就得放棄其犯罪生涯。他頭腦裡想的無非是「我是世上最強的硬漢，因為我敢於向任何人開槍」，或者「沒人比我更聰明，因為我有本事犯案卻不被抓到」。

我們已找出罪犯行為模式的根源：他們從小就承受過重的負擔，或受到家人過度的驕縱和寵溺。有生理缺陷的孩子需要特別的照顧，以幫助他們對別人發生興趣，否則他們只會關心自己，從而無法往正面的方向發育成長。

被忽視、被遺棄、不被欣賞甚至被討厭的孩子，他們的處境跟有生理缺陷的孩子都很類似：他們還不知道自己有討喜的一面，也能贏得他人好感，並透過合作去解決問題。被寵壞的孩子從未學到勞動的價值，反正只要提出要求，就馬上會有人來滿足他。若得不到想要的東西，他就會認為受到不公平的待遇，因而拒絕合作。

在每一個刑事犯背後，我們都能夠追溯到類似的故事。他們沒有受過合作方面的教育和訓練，沒能力與人配合，一碰到問題就不知該怎樣去應對。於是，我們非常明白當前的要務：教會他們合作。

改造社會的第一步：培養合作精神

我們有充分的知識，又有足夠的經驗。透過個體心理學的原理，我們就知道該如何去改造個別的犯罪分子。試想一下，對於每一個罪犯，眾人都要花費極大的力氣才能調整他的生活習性。這是何其龐大的工程。不幸的是，在我們的文化中，大部分人只要面對太嚴峻的考驗，合作能力就會慢慢枯竭。我們還發現，經濟不景氣時，犯罪率總是上升。我相信，若社會啟動這一龐大的計畫來消滅犯罪，那大部分人都要接受再教育。但我不敢保證，要在短時間內把每一名犯人或潛在罪犯改造成一般百姓，這個目的具體可行。

不過，我們當前可以做的事情還很多。縱然不能改造每一個罪犯，我們還是能設法為大眾減輕負擔；因為許多人感到自身不夠強大，難以應付生活壓力。

比如說，針對失業、不曾受訓和缺乏技能的人，只要他們有工作意願，都能得到一個位置。這是讓大家進入社會生活的唯一途徑。如此一來，他們就不會喪失殘餘的合作能力。毫無疑問，這些計畫若付諸實行，犯罪率會大大減低。當前的經濟危機是否緩解、社會改革的時機是否成熟，我還不知道，但我們一定要做好準備，以迎接這場轉變。

我們也要訓練孩子多方面的技能，以適應未來的工作。這樣他們才更有能力去面對生活，獲得更廣闊的職涯發展。這樣的培訓也能在監獄裡執行。我們已朝著這個方向邁出步伐，只要再加倍努力就好。雖然我們無法逐一矯正每一位罪犯，但團體治療也會有效果。

舉例來說，我們可以召集一些罪犯，就一些社會問題進行討論，就像本書所涵蓋的議題。提問後請他們回答，希望他們能得到啟發，從已做了半輩子的白日夢中醒過來，也期待他們能擺脫錯誤的世界觀，不再低估自己的潛力。在我們的引導下，希望他們不要再畫地自限，並消除恐懼，勇敢面對個人的處境和社會問題。我可以肯定地說，這類團體治療的效果非常好。

社會也應當留意各項措施，避免刺激罪犯或窮苦人的反彈。貧富差距持續擴大，窮困潦倒的人會更加憤怒，其嫉妒心會不斷燃燒。因此我們一定要避免耍派頭、高調的炫富言行。

前面提到，面對成績差的學生和問題兒童時，挑釁和威脅都是無益之舉。他們早已沉浸在戰鬥的幻想中，決心要與大環境對抗到底。

罪犯也是如此。我們觀察到，全球各地的警察、法官以及法律都在挑戰罪犯的能耐，但這只會點燃他們的怒火。保持低調，不去恐嚇罪犯，不要提起罪犯的名字，不要給他們曝光的機會，問題就比較好解決。現在人們對待罪犯的態度需要改變。不管是用嚴酷或懷柔的手段，都改變不了罪犯的本性。唯有讓他理解自己的處境，才有轉變的機會。保持人道精神，不要誤以為死刑有任何威嚇力。可想而知，死刑只是增加犯罪遊戲的刺激度，即使罪犯被判要上電椅，他們依舊會認為，要不是犯案過程出了小差錯，自己一定不會被捕。

司法單位若能努力提高破案率，全民都受惠。就我所知，至少有百分之四十的犯行沒被揪出來。無疑地，罪犯的錯誤觀念因此更加穩固。每一名罪犯都有沒被抓到的罪行。在破案技巧方面，我們已經取得一些進步，已往正確的方向前進。

還有一點很重要，無論罪犯是在服刑期間，還是刑滿出獄後，我們都不可以羞辱他們，也不應挑戰他們的能耐。只要有合適的人選，觀護人的數量多多益善；他們也應該多瞭解社會問題和合作的重要性。

採取以上措施後，許多問題都能得到改善，但還不足以將犯罪率降到理想的程度。所幸我們還有一個辦法，它可行性高，成效又卓著。只要妥善訓練孩子的合作能力、培養他們的社會興趣，犯罪率一定會大幅度降低，而且在不遠的未來就能見到成果。這些孩子絕不會受到教唆或蠱惑，無論在生活中遇到什麼麻煩或困難，都會保留一絲對他人的興趣。他們的合作能力與解決問題的能力都很高明，遠遠高於我們這一輩人。

犯罪分子大都是在小時候就有異狀，並且在青春期開啟了犯罪生涯；十五歲到二十八歲是犯罪發生率最高的年齡區間。我們的努力一定很快能見到成效。不僅如此，我還深信，孩子接受正確的引導後，會進而影響到他們全家人的生活。獨立、有遠見、樂觀、發育良好的孩子，便是父母的好幫手，也是他們最大的安慰。合作精神會迅速傳遍全世界，社會氛圍都會提升到很高的水準。因此，我們不但要轉化孩子的生活態度，也應該盡力去改變家長和老師的觀念。

接下來剩下的問題就是，如何選擇最佳的切入點，應使用什麼方法來教養孩子，使其承擔起生活的任務、面對各種問題。或許我們要先教育所有的家長？不，這個建議沒有多少成功的希望。家長不容易掌握，雖然他們最需要被培訓，但都不願意見到我們，所以難以接觸，只能另想他途。

要不把孩子們集中起來，鎖在一間大房子裡，請人看管，時時刻刻、小心翼翼地保護他們的安全？這個建議也不見得有多高明。其實有一個切實可行的方案，而且確實能解決問題：把老師培訓成促進社會進步的利器。此後，他們就能糾正孩子在家中養成的壞習慣，啟發孩子對他人的興趣，並將之擴大。這就是學校最自然的發展過程。家庭無法教會孩子去應對未來生活的問題，人類才建立學校來擴充家庭的功能。這麼一來，我們就能利用學校來強化孩子的社會性和合作性，讓他們更關注整體的福祉。

諸位可以看到，我們的行動建立在以下幾項基礎的想法上。我簡明扼要地闡述如下：在當前的文化形態下，我們能夠享受這一切成果，都是有賴於前人的貢獻。如果個體沒有形成合作精神、對他人不感興趣，對整個社會沒有任何貢獻，那他們的人生是貧瘠的，沒有留下任何痕跡就從地球上消失。

人生有所付出，其工作成果才會留存下來。我們的精神才會延續下去、長存不滅。從小教育孩子這個觀念，他們在成長過程中，自然就會喜歡團隊工作。他們往後面臨困難時，也不會被削弱意志，哪怕是最嚴峻的挑戰，也會發出強大的精神力量去應對，並為了人類的共同利益去克服它們。

第十章

職業

有些人老是對自己所選的工作感到不滿意。

他們其實不是在挑選職業，

而是想輕鬆地獲得優越感。

他們不願意面對生活難題，

還認為這些狀況對他們來說並不公平。

維繫人類活動的三條紐帶，也就是人生三大問題。我們無法各個擊破，想要解決其中一個問題，就要處理好另外兩個。

第一條紐帶是職業問題。我們居住在這個星球上，享用其資源：富饒的土地、豐富的礦產、各種氣候和大氣層。環境所留下的問題，我們就試著去找答案，這是人類最長久的任務，直到今天，我們還不敢說已找到令人滿意的答案。為了人類的進步，為了更偉大的成就，就必須持續不斷地奮鬥。

要解決第一個問題，最好的辦法來自於第二個問題的解方。

維繫人類活動的第二個問題：每個人都是人類的一分子，與千千萬萬的同胞生活在一起，以各種方式相互連結。地球上若只有一個人，那他的人生態度和行為舉止將完全不同。我們總要跟人打交道，對他人產生興趣，並學會互相配合、調整。

面對此問題，最好的解決之道是「友誼、社會情緒和合作」。如此一來，我們就邁出一大步，更有機會成功解決第一個問題。

在歷史上，最偉大的創舉就是勞動分工，而這是因為人類學會了合作。勞動分工能保障眾人的福祉。如果每一個人都只靠自己，脫離團隊合作，也不管過去積累下來的成果，那人類社會就會崩解。透過勞動分工，各種訓練成果以及能力就有發揮的空間，所有人都可以為全體福祉做出貢獻，並輕鬆地擺脫不安全感。社會每一份子因此都獲得更多的機會。當然，我們還不能誇口說，人類已達成所有理想的目標，而且勞動分工也尚未發展到最完善的階段。然而，想要解決職業問題，都必須以勞動分工的架構為前提：而全體的工作成果必須對他人與社會有利。

有的人試圖逃避職業問題，所以不肯工作，只想從事一些與全體利益無關的活動。可想而知，他們之所以逃避工作，事實上就是為了尋求旁人的支援。他們設法依靠別人的勞動過活，而自己卻沒有絲毫的付出。被寵壞的孩子便會有這種生活習性，只要有問題，就會要求旁人設法替他解決。阻礙全體合作、給認真生活的人增添多餘的負擔，就是這些被寵壞的孩子。

人類的第三條紐帶：他必然是兩性中的一類，不可能具有兩種身分。

為了延續物種，他的任務包括與異性接觸，以及扮演好他的性別身分。兩性關係也是人生一大問題，同樣必須跟著其他兩個問題一起解決。為了成功解決婚姻與感情的問題，必得謀得一份工作，才能滿足勞動分工的條件；同樣地，我們也一定得跟對方建立良好、友善的關係。大家都知道，在今天這個時代，最佳的解決方案就是一夫一妻制，它最能滿足社會需求和勞動分工的標準。一個人的合作程度，就端視於他如何處理這個問題。

這三大問題永遠都不能割裂，而是互相交織、互相影響。解決一個問題，另兩個問題就更有機會化解。事實上，它們是個人處境與人生問題的不同面向。也就是說，人在其處境中，想要保持生命的動力，就必須滿足這些條件。

多跟孩子談他的職業取向

我們必須重申，女人若決定以母親的角色來奉獻社會，那她在勞動分工的架構下地位很崇高，不遜於任何人。她把焦點集中在孩子身上，並設法讓他們長大後成為良好的公民。她擴大孩子的興趣，訓練他們與別人合作；這些工作非常有價值，怎麼褒獎都不為過。

在當代的文化中，母親的勞動價值被嚴重低估，而且在世人眼裡，這是一份沒有吸引力、不被看好的職業。家庭主婦只能間接獲得酬勞，從整體上來說經濟也很難獨立。其實，家庭的幸福有賴於母親及父親的勞動分工，兩者等量齊觀。母親無論是否全職在家，她的勞動付出絕不下於丈夫在外的工作。

針對孩子的職業取向，母親的影響最大。我們在四、五歲時的活動方式和所接受的教育，會大大影響自己長大後的行動範圍。我常應邀去幫人進行職業輔導；一開始，我總是會先詢問對方的早期記憶，以及他在那時的興趣是什麼。那段記憶清楚呈現出他一直以來所培育的職業方向，也展現他是什麼類型的人，以及認知世界的潛在模式。關於早期記憶的重要性，稍後還會加以論述。

第二階段由學校負責。如今學校更關注孩子未來的職涯發展，會加強訓練他們的手、耳、眼睛等多方面的能力。這些訓練與各學科教育同等重要。千萬不該忘記，學科教育對於孩子的職業發展也非常重要。常聽人說起，他們幾年後就忘記老師教的拉丁文或法語，儘管如此，這些課程仍有其必要性。從以前的各種教育經驗，我們發現這些學習過程能有效訓練孩子的頭腦。有些現代學校很注重手工藝，這可以豐富孩子們的閱歷，提升他們的自信。

孩子若從童年時就知道自己的職業取向，那麼他的成長過程會更加順利。對於將來想做什麼，大多數的孩子都能給出答案，但都沒有經過深思熟慮。他們說想當飛行員或公車司機，但不知為何要如此選擇。因此，我們的任務是找出孩子的潛在動機、努力方向、熱情與動力、自我定位、優越感以及有把握的步驟。他們原本只想描述自己覺得很了不起的職業，但從中我們看到一些線索，可用來幫助他們實現目標。

十二、三歲的孩子應該能具體說出自己將來想從事的行業，若他對此一無所知，我會感到很遺憾。他看來缺乏雄心壯志，但這並不代表他對什麼事情都興趣缺缺。他也許只是野心太龐大，所以沒有勇氣對人承認。

在這樣的情況下，我們就要費點心思去瞭解他的興趣和活動類型。有的孩子在十六歲上高中時，對於自己將來的職業仍舊舉棋不定。他們往往是成績優秀的學生，但對自己的人生之路卻毫無想法。他們還是很有抱負，只是不具備充分的合作精神。他們找不出自己在勞動分工下的位置，也不知道有什麼可行的辦法能實現抱負。所以，從小開始就可以多問孩子想從事什麼職業，這對他們將來很有幫助。

我去學校時常對學生提出這些問題，引導他們去思考，希望他們放在心上，並勇於表達想法。若有人明確講出理想中的職業，我也會進一步詢問理由，而他們的回答總是隱含很多線索，特別是他的生活習性。他以此表示自己的奮鬥方向以及在生活中最看重的東西。大人應該尊重他的真心選擇，因為哪些職業崇高、哪些低下，連我們也說不上來。若他往後真的從事那項工作，致力為他人謀福利，那麼他對社會的價值就不低於任何人。

因此，學生唯一的任務就是磨練自己，努力謀求生路，在勞動分工的框架下找出自己的興趣與愛好。

從孩子的言行觀察他的職業取向

有些人老是對自己所選的工作感到不滿意。他們其實不是在挑選職業，而是想輕鬆地獲得優越感。他們不願意面對生活難題，還認為這些狀況對他們來說並不公平。這些人都是被寵壞的孩子，只想依賴他人的幫助。

大多數的男男女女都會懷念在四、五歲時培養的興趣，無法完全忘記，但是可能出於經濟因素，或者由於父母的壓力，他們選擇了另一個方向，最終從事不感興趣的工作。因此，童年時的培訓非常重要。若從孩子的早期記憶中發現他對觀察事物感興趣，那就可以訓練他去從事以視覺為主的工作。

在進行職涯輔導時，當事人的早期記憶是十分重要的因素。同學若提到某人說話的音調或一陣風刮過風鈴的聲音，我們就知道他是以聽覺為主，應該適合跟音樂有關的職業。從童年回憶中我們也可以看到跟運動有關的印象，比方說當事人特別好動，那也許他們會對戶外活動或旅遊業感興趣。

最常見的奮鬥目標是勝過其他家庭成員，特別是對父親或母親；這個目標很有意義。我們非常樂於看到後輩勝過前輩。孩子若立志想在某個專業領域超越父親的成就，那麼其父親的經驗就可以作為非常好的起點。因此，許多警察的孩子都想當律師或法官。父親在醫療單位工作的話，孩子便會立志當醫生。父親是教師的話，孩子就會立志成為大學教授。

觀察孩子的言行，就能看出他如何訓練自己，以配合長大後的職業需求。比如說，有些孩子想當老師，所以喜歡召喚其他小朋友來扮演他的學生，而自己假裝在教書。這樣的遊戲就是一種線索，讓我們得以發現孩子的興趣。女孩盼望著成為母親，就會常帶著布娃娃，培養對嬰兒的強烈興趣。這種角色扮演的興趣應該加以鼓勵，也不必害怕這種遊戲會出什麼問題。有些人擔心，小女孩若一直跟布娃娃講話，終會喪失現實感。其實，她們只是在培養對角色的認同感，履行母親應該完成的任務。她們在很小的年紀就開始練習，這是非常難能可貴的！長大後，她們的興趣已轉向和定型，要再學會當母親就為時已晚。

很多孩子表現出對機械和技術方面的興趣，這也是良好的跡象。如果他們將來如願去從事理想中的職業，一定會大有作為。還有一些孩子不願意擔任幹部，只想找到一位可以仰賴的領袖，凡事都聽從他的指揮，不管對方是同學或大人都好。這種個性發展下去會有問題，最好想辦法去削弱他們的奴性。阻止這股勢頭，他們長大後才能勝任領導的職位。否則他們只適合當個小職員，每天執行毫無意外的例行公事，過著循規蹈矩的生活。

突然遭遇親人重病或死亡的孩子，對生老病死會特別有感觸，所以希望當醫生、護理師或藥劑師。我認為，應該鼓勵他們朝這方向前進。對行醫很感興趣的孩子，很早就開始自我培訓，而且非常喜歡醫生的工作內容。由此可知，見證親人死亡後所產生的遺憾，會以其他方式來補償。有些孩子會立下志向，要透過藝術或文學創作超越死亡，或成為虔誠的教徒。

逃避工作、生活態度散漫又怠惰，也是從小養成的習性。這樣的孩子長大後，一定會遇到許多困境，我們應以科學的方法找出問題的起源，並幫助他修正錯誤。假如我們所寄居的星球能滿足所有人的欲望，那麼大家就無需工作，懶散是美德，勤快反而變成惡習。然而，從我們與地球的關係來看，要解決職業問題，唯一符合常識與理性的辦法是：找到工作、與人合作，對社會有所貢獻。憑著直覺就能瞭解到這一點，從科學的視角也能洞察到工作的必要性。

傑出人士通常從小就重視合作精神

天才從很小的時候就明顯有自我訓練的傾向，研究他們的成長過程，有助於我們瞭解這個議題。所謂的天才，通常是對人類福祉有巨大的貢獻；我們無法想像有任何一位天才對社會毫無助益。藝術是眾人的心血，而偉大的天才提升了文化的整體水準。

荷馬在詩作中只提到三種顏色，它們涵蓋了所有顏色的主要差別。在那個時代，人們已有能力識別各種顏色的差異，但要一一指稱出來卻無必要，因為那差異實在是太細微了。在今天，我們能說出各種顏色的名稱，都是歷來藝術家和畫家的功勞。

另一方面，在音樂家的努力下，我們的聽覺變得非常敏銳。現在我們能用和諧的語調說話，而不是原始人的粗糙音調，都是音樂家的功勞。音樂作品豐富我們的心靈，讓我們訓練自己的各項功能。至於是誰深化了我們的情感深度，讓我們說話更文雅，更加理解他人？是詩人。他們豐富了我們的語言層次，使其更有彈性，以適應生活上的各種需求。

天才是世界上最具有合作能力的人，這絕非虛言。從他們的行為和人生態度來看，也許看不出其合作能力有多強，但是從他們整個人生歷程來看就很明顯了。對他們來說，合作不是件容易的事。他們選擇一條艱難的路，有很多障礙需要克服。他們往往有嚴重的生理缺陷。在所有的偉大人物身上，我們都能發現這方面的問題。這些故事大家都不陌生：天才在人生之初痛苦地經歷了各種磨難，但在奮鬥不懈下，最終克服重重困難。

不難發現，他們在很小的時候就找到興趣，並刻苦地自我磨練。他們的感官被訓練到十分敏銳，這樣遇到各種難題時，就能掌握它們的要點。從這些歷程我們可以得出結論，他們的技藝和才華都是靠自己培養的，並不是從遺傳得來的「伸手牌」。他們的努力最終讓所有人都受益。

早期奮鬥是成功人生最堅實的基礎。設想一下，三、四歲的女孩自己待在家裡，準備給布娃娃編織一頂帽子。看她認真幹活的樣子，我們應該告訴她：「這頂帽子真好看，可以再多加點裝飾。」小女孩受到激勵和鼓舞，便會加倍努力，繼續磨練手藝。可是，如果我們跟她說：「把針線放下！妳會戳到手指。織這頂帽子有什麼用？出去外面買的更好看。」她一聽就會想放棄努力。

想想這個女孩的人生之路：在前面的情況下，女孩發展出了自己的藝術品味，非常喜歡動手創作；但在第二種情況下，女孩不知所措，開始覺得東西買現成的比自己動手製作好。

在家庭生活中，家長過分強調金錢的作用，孩子們就會被誤導，只用「賺多少錢」這唯一的標準來看待職業問題。這是巨大的錯誤，因為孩子並沒有從「社會貢獻」這個角度來引導自己的興趣。每一個人都應該養活自己，這固然是事實；不去工作便會給別人增添麻煩，這也是事實。但是，孩子只對賺錢感興趣的話，就很容易忽略合作的重要性，而只考慮自己的利益。

若賺錢成了他唯一的目標，此外沒有任何社會興趣，他就有理由考慮用搶劫、詐騙等手段去發大財。即使情況沒有這麼極端，他的個人目標中保留了低度的社會興趣，但他賺再多的錢，其所作所為還是對他人沒有多少益處。

在這個複雜的時代，發家致富的方法千千萬萬種。哪怕是錯誤的道路，有時也能達到成功的終點。不必為這種事情感到驚訝。我們無法保證，生活態度正確的人事業一定會成功。但我們可以肯定，這樣的人永遠不會喪失信心和勇氣，更不會失去自尊。

幫助失業者培養興趣與合作精神，才能真正解決社會問題

在當今社會中，事業的重要性常被過度誇大，工作常被用來當作藉口，好用來逃避社交和婚姻問題，有時還會被當作是感情失敗的藉口。

對工作太狂熱的人總會想著：「我沒時間經營婚姻，所以離婚的責任跟我無關。」對於精神官能症的患者而言，社交和婚姻是最想逃避的兩大問題。他們要麼遠離異性，或是以錯誤的方式接近異性。他們沒有朋友、對他人不感興趣，只知道夜以繼日地工作，心思全面放在上面。他們長期處於高壓和緊張狀態下，導致神經、胃腸等方面出問題。他們覺得，既然自己身體不好，就更有理由不去處理社交和婚姻問題。

另一方面，有的人不斷更換工作，總想找一份更適合的職業。他不停地換來換去，到最後，每份工作都半途而廢。

面對問題兒童時，首要工作就是找出他們的主要興趣，之後我們更懂得如何幫助和鼓勵他。同樣地，對於工作始終不穩定的年輕人，以及年長、在事業上遭受挫敗的人，也要找出他們真正的興趣，並加以利用。我們該提供職涯輔導，努力幫助他們找到工作。但這不是非常容易的事。

在這個時代，失業率太高是危險的信號。若人們努力促進合作關係，就不會有這個現象。我相信，只要瞭解合作的重要性，每個人會盡力去創造沒有人失業的理想社會：只要你願意工作，各公司的大門都是敞開的。

我們可以多多成立培訓機構和技術學校，並推廣成人教育來改善失業的狀況。很多失業者都不曾受過訓練、沒有工作技能，當中某些人也對社會生活也不感興趣。社會上若太多人沒有受過教育、不關心公眾利益，那他們就會變成全人類的沉重負擔。這些人覺得自己技不如人，處境又很艱難。此外，許多罪犯、精神病患者和自殺者也都未受過訓練、無工作技能。他們缺乏一技之長，於是拖垮了社會的發展運作。

不管是家長或老師，只要是關心人類未來的發展和進步，都應該付出努力，確保孩子會受到良好的教育。他們成年後，就得以在勞動分工的架構下找到自己的一席之地。

第十一章

個人與社會

多多關心身邊的夥伴，

自身的各種能力才能發展出來；

說、讀、寫這些活動都是以與他人溝通為前提。

語言本身就是人類的集體創作，

是社會興趣的產物。

人類最古老的磨練就是設法去加入同伴。對同伴發生興趣後，人類這個物種在各方面才得以進步。

在家庭這個組織中，最重要的成分就是關心彼此。透過各種史料，回顧遙遠的古代生活，我們發現人類傾向於以家庭為單位聚在一起。原始部落使用共同的符號，把所有成員凝聚在一起；符號就是用來讓彼此連結成合作關係。在簡單的原始宗教中，人們崇拜某個圖騰。有的部落崇拜蜥蜴，有的崇拜公牛或蛇。崇拜同一個圖騰的人們生活在一起，相互合作；彼此都以兄弟相待。這種古老的習俗是人類建立並穩固合作關係的最重要步驟。在這些原始宗教的節慶活動中，每一個崇拜蜥蜴的人與族裡的夥伴聚在一起，討論收成的事情，以及如何抵禦猛獸、防備惡劣天氣等問題。這就是節慶活動的意義。

婚姻是涉及整個部落利益的大事，每位崇拜同一個圖騰的成員要在本族群之外、社會規範之內尋找配偶。重要的是，愛情與婚姻並非私事，而是全人類都要接受的任務，要投入心思與精神去經營。婚姻中包含一定程度的責任，因為它承載了社會大眾所託付的任務。生出健康的孩子、培養他們的合作精神，幫助他們成長茁壯……這是社會全體休戚相關的大事。因此，每一個人在婚姻中都應該心甘情願地與對方合作。

原始社會的種種做法，包括圖騰崇拜以及針對婚姻的複雜規定，在今日看來有點可笑，但在當時的重要性絕不會被低估，都是用來提升彼此的合作關係。

各大宗教的最重要教義是「愛鄰人」。同樣地，這也是要請大家更努力地關心彼此。有趣的是，我們今天可以從科學的角度來論證這種訴求的價值。被寵壞的孩子總會質疑：「為什麼要愛鄰居？鄰居愛我嗎？」這種態度透露了兩個事實：他不曾受過合作方面的訓練，以及他自私自利的心態。「對身邊的夥伴漠不關心」就是這種人在生活中會陷入各種困境，也會嚴重傷害他人。社會問題都是這群人直接或間接造成的。

世上很多宗教和門派都以各自的方式加強人類的合作關係。無論是個人或機構，只要他們把合作視為最終目標，我都全力支持。人和人不應該互相爭鬥、批評，也不該貶低彼此。我們誰都沒有福分去掌握絕對真理，更何況世上有很多道路可通往合作這個終極目標。

我們都知道，在政治實踐中，最好的制度也會被人濫用；若缺少合作精神的話，任何政治措施都不管用。每一位從政者都必須把改善人類的境況作為最終目標，而這更需要眾人通力合作。很多時候，我們都不確定哪位政治家或哪個黨派能帶領國家前進。畢竟每個人的判斷都是源自於他的生活習性。因此，若政黨總是用人唯親，那也沒什麼好苛責的。民族運動同樣如此。假如這些運動能將孩子們培養成團結的好國民，加強他們的社會情緒，他們便會捍衛傳統，崇拜自己的民族，並按照自己的理想去修正和改變法律。他們這些努力是無可非議的。

階級運動也是一種強調合作精神的群體運動。為了改善人類的處境，我們應該放下偏見。因此，評價各種運動的標準就在於，看它們是否能促進人們的團結合作。我們會發現，世上有很多方法能加強眾人的合作關係。當然它們之間有高下之分，但只要確保合作不間斷，那再怎麼不理想的方法，也無需受到評批。

用合作精神來治療精神病患

我們不能認同這種人生觀：只想從別人身上獲取，只想著自己的利益。不難理解，這種人生態度是個人和社會進步的最大障礙。多多關心身邊的夥伴，自身的各種能力才能發展出來；說、讀、寫這些活動都是以與他人溝通為前提。語言本身就是人類的集體創作，是社會興趣的產物。理解與溝通是共同的活動，而不只是個人的認知功能。我們不光得理解他人，也期待自己被人所理解。也就是說，以共同的意義為基礎，我們才能與他人溝通，並接受社會常規的約束。

還有一些人只顧著滿足自己的興趣和優越感，他們賦予生命的意義很狹隘，一切都以他個人的需求為主。這些想法只是他的個人意見，世人難以理解，也無法分享。這種人不容易跟他人建立良好的溝通。習慣以自我為中心的孩子臉上，總是會出現卑微或木然的表情，罪犯或瘋子也常有類似的表情。他們看人的方式和常人不同，不會跟人進行眼神交流。這樣的孩子或成人不大會留意身邊的人，目光總是望向別處。很多精神官能症患者也有溝通障礙的症狀，會難以抑制地臉紅、口吃，甚至還有陽痿、早洩等問題。他們沒有能力與人結成團體，因為對別人一點興趣都沒有。

孤立狀態不斷惡化下去，就會發展成精神疾病，但這並非不可治癒，只要能喚醒他對外人的興趣。但是，精神病患者與旁人的距離很遙遠，僅比自殺者狀況好一點。心理治療是一門藝術，需要非常高明的技巧。我們必須把病人拉回到一般的合作關係中，以耐心、友善、溫和的態度對待他們。

案例：想當狗的女孩

有一次，我應邀去治療一位患有思覺失調症的女孩，她患病已八年之久，近兩年則都待在精神病院裡。她像狗那樣汪汪叫、亂吐口水，不時撕開身上的衣服，甚至會把手帕吞下去。這些行為顯示出，她對別人的存在多麼不感興趣，就只想扮演狗。我們發現，原來她一直覺得母親當她是隻狗，所以她也許想表達：「我見識的人越多，就越喜歡當狗。」一開始，我連著八天去找她談話，但她沒有回我一個字。直到一個月後，她才開始含含糊糊地說一些話，但內容我完全聽不懂。至少她現在有我這個朋友，心情有好轉。

一般來說，病人受到鼓舞後，還不知道要往哪個方向改進，所以會很排斥周圍的人。

她的勇氣恢復了一些，卻仍不想與人合作。我們可以預料到，她的言行舉止會像個問題兒童，處處表現得令人討厭，手上能抓到的東西都要摔碎，甚至毆打陪伴她的人。

因此，療程到了下個階段，我和這個女孩說話時就被她打了。我不得不想點對策：唯一的辦法就是「讓她驚訝」，所以我決定不反抗。幸好這個女孩子的力氣並不大，所以她打我任由她打，並友善地看著她。這時她仍不知道怎樣使用那股被喚醒的勇氣，所以她打破了診療室的玻璃窗，還傷到自己的手。我沒有呵斥她，而是拿繃帶來包紮她受傷的手。對付這種暴力行為，用常規的辦法（比如限制行為或鎖在房間裡）是無效的。要爭取這個女孩子的認同，就必須採取不一樣的行動。千萬別指望精神病人像正常人一樣規矩行事，他們的反應跟正常人不一樣，任何人都會感到惱火。不吃不喝、撕爛身上衣服……諸如此類的行為不勝枚舉。這時沒有別的辦法可以幫他們，只好任其折磨自己。

過了這個階段，女孩子的病就好了，一年後，健康狀況也明顯改善了。有天我前往她待過的那家精神病院，並半路上遇到她。她問我要去哪，我回答說「跟我來，我要去那家妳待了兩年的精神病院。」到了那邊後，我們一同會見治療過她的醫生。會談到一半，我就去探望別的病人，留下她與醫生交談一會兒。我回來的時候，看到那位醫生面露不悅之情，他說：「她的健康狀況出奇地好，但令我感到非常掃興的是，她不喜歡我。」

如今我還時不時地能見到這個女孩，這十年來，她健康狀況良好，還能賺錢養活自己，和身邊的人相處融洽；沒有人敢相信她得過精神病。

面對憂鬱症患者的小技巧

有兩類病症特別能顯示出患者與他人的隔閡，就是妄想症和憂鬱症。妄想症的患者總是在指責大家，他覺得周圍的人都夥同要密謀陷害他。憂鬱症患者總是在譴責自己「是我害了家人」，或「我把錢賠光了……孩子快餓死了」。有些人總是在責怪自己，但這僅是表像，實際上是在埋怨別人。

有位身分顯赫、頗有影響力的女士遭遇一次意外後，無法再維持她的社交活動。她三個女兒都結了婚，她感到非常孤單。與此同時，她丈夫又過世了。以前她受到眾人的尊崇，所以很想彌補那些失去的東西。她開始在歐洲各地旅遊，但感覺自己不再像以前那樣顯赫；在旅途中，她的憂鬱症狀更加顯著。

朋友也都離開她；對於身邊的人來說，面對憂鬱症患者是非常嚴峻的考驗。她發電報給女兒們，要她們回家一趟，可是每個女兒都有藉口，沒有一個回來。她回到家以後，最常說的話就是：「女兒們都對我很好！」女兒們撇下她，找了護理師來照料她。既然老母親回家了，偶爾去探望就好。

老太太說的話不能全盤當真，知道實情的人都聽得出來，她是在指責大家。憂鬱症是長期的不滿和抱怨累積起來的，雖然其目的是要爭取對方的關心、同情和支持，但是患者表現出的樣子，都是在懊悔自己所犯下的錯誤。憂鬱症患者常常有這類的早期記憶：「我記得，我想去沙發躺一下，可是哥哥已經躺在那兒。我不停地哭，他只好起身離開。」

患者經常會用自殘的手段折磨自己，醫生的首要工作是避免他們有藉口做這些事，並努力減緩病人身心感受到的壓力。治療過程中，要讓病人記住的首要原則是：「永遠別去做不喜歡的事情。」這句話看似稀鬆平常，但是它觸及到所有問題的根源。若他能隨心所欲地做任何事情，那還能抱怨誰？他還有什麼理由再折磨自己？所以我常對病人說：「如果你想去看戲，或想去度假，就儘管去。如果你走到半路又覺得不想去了，那就回來吧。」這種自在的境界，所有人都想達到。它能帶來令人滿意的優越感，就像天神一樣為所欲為。

另一方面，這種狀態跟他的生活習性天差地遠。他習於掌控一切、責怪別人。但只要大家順他的意，他就沒有藉口再抱怨了。這個方法對於減輕壓力非常有效，我沒有一個病人想自殺。當然，這樣的病人最好有人看護，而我的一些病人就沒有得到理想中的密切照顧。只要有人在旁邊看著，就不會出危險。

對於我的建議，病人通常會回答說：「可是我沒有什麼喜歡做的事情。」對此我早有準備，同樣的話我已聽過很多次了。「那麼，你就別做自己不喜歡的事情。」我這樣建議道。然而有時病人會回應說：「我喜歡一整天躺在床上不動彈。」我也知道他會這麼說，這時只要附和他，他就會意興闌珊，不想待在家。我更清楚，如果我攔著他，他就會挑起爭端。所以我總是附和他。

除了以上這條鐵律外，另有一種方法能直接顛覆他們的生活習性。我告訴他們：「聽我一句話，保證十四天後你就能痊癒。請你每天都好好想想，怎樣才能讓別人高興。」為何我提出這項建議？因為他們平時整天都在想：「怎麼做才能讓別人為我操心？」而他們的回應都非常有意思。有的人說：「對我來說，這太容易了。我這一輩子都在取悅別人。」其實，他們根本沒有為別人做過什麼事，而且我只要求他們想想看就好，但他們一點也不放在心上。

我還會告訴他們：「睡不著的時候，就想想如何能讓別人高興。這樣既不會浪費時間，又能為恢復健康邁出一大步。」第二天我再見到病人時就會問：「你有照我的提議想想看嗎？」他們大多會回答說：「昨夜我一上床就睡著了。」記住，治療師在進行對話時，必須保持謙和、友善的態度，絕不能流露出一絲的優越感。

他們還會回答：「我做不到，煩心的事太多了。」我告訴他們：「那你就繼續煩惱吧！不過，希望你還是能多抽點時間想想別人。」我想引導他們對身邊的人感興趣，但他們一定會說：「我為什麼要讓別人高興？他們又沒好好對待我。」我回答說：「至少你必須考慮你的健康問題，不然以後會變成別人的負擔。」這時我極少聽到病人反駁說：「我早就思考過這個問題了。」

我所有的努力都是為了增強病人的社會興趣。他得病的真正原因在於缺少合作能力，而我希望他也能看到這一點。哪一天若他能跟身邊的人建立起平等的合作關係，那他的病就算好了。

成為社會的一分子就是最高成就

另一種缺少社會興趣的明顯例子是所謂的「過失犯罪」。比方說，有個人在野外點燃火柴後隨意丟棄，結果引發森林大火。最近也發生一起案件：有個工人把電纜橫鋪在馬路上後就下班回家了；沒多久有輛汽車壓過電纜，車主因此不幸身亡。在這兩起案例裡，當事人都沒有傷害他人的意圖，從道德的意義上看，他們對於這些災難也沒有過錯，只是完全沒有為別人著想。他們沒有自發性地採取防範措施，以保障他人安全；這就是缺少高階的合作能力。此外，不愛乾淨、走路撞到人、打破碗盤或撞翻壁爐架上的裝飾品，都是低階的無心之過。

學校和家庭都有教孩子要多關心身邊的人，但前面已經提到，有一些因素阻礙他們發展這種能力。雖然社會情緒不是遺傳而來的本能，但每個人都有這方面的潛力，就端賴於母親的教養技巧以及對孩子的關愛程度。此外，孩子對周邊環境的判斷也非常重要。如果他總是感到他人對自己有敵意，彷彿身處於四面楚歌的處境，就很難指望他能交到朋友，他更不可能成為別人的知心朋友。如果他覺得別人都應該受他使喚，那他就不會萌生為他人服務的意願，而只是想著支配別人。他只關心自己感官知覺，不想有任何身體上的不適感或痛苦，於是把自己跟社會隔絕開來。

前面提到，當孩子感覺自己是家中平等的一份子，並對身邊的人都感興趣，那他的成長過程就會順利得多。我們也談到，夫妻就應當友善對待彼此，也應該有各自己的知己好友。這樣一來，他們的孩子就會意識到，在家庭之外也有值得信賴的人。在學校，孩子應當感覺自己是班上的一分子，是大家的朋友，並信任友誼的價值。在家庭和校園生活的訓練下，孩子才得以進入更廣闊的社會生活，成為社會的一份子與人類大家族的一員。具備這些條件，孩子才能保持勇氣，冷靜地去面對生活問題，進而為他人謀福利。

孩子應學著成為大家的好朋友，長大後謀得有益的工作，並好好經營婚姻關係，進而對社會有所貢獻；這樣他就不會有自卑和低人一等的感覺。他會覺得世界跟家裡一樣，到處充滿友情，也都有他喜歡的人，所有的困難都能得心應手地克服。他還會覺得：「這個世界是我的舞台，我必須設定計畫、勇於行動，而不是在一旁坐享其成。」他非常清楚，當下只是人類歷史長河中的一個階段，而他是屬於「過去、現在和未來」人類發展中的一份子。

他也知道，在這個時代，他能完成自己的創造性任務，為人類的發展做出特殊貢獻。固然，這個世界上滿是邪惡的人事物，還有各種困難、偏見和災難，但這是我們居住的地方，好事和壞事我們都參與其中。我們得努力工作，設法讓世界更美好，更不能指望別人來接手這個任務；每個人都要盡本分、走正確的道路來改變這個世界。

接受這份任務，就要以合作的方式承擔起重任，並解決人生三大問題。每個人應該滿足的社會標準以及所能得到的最高讚譽都是：好的工作夥伴、大家的好朋友以及理想的伴侶。

一言以蔽之，我們可以說，每個人都應證明自己是一個好同伴。

第十二章

愛情與婚姻

在婚姻關係中，

沒有什麼神奇的力量能維繫一切。

每個人對待婚姻的態度都跟其生活習性有關，

那也與他的人生目標相呼應。

因此，瞭解對方的為人，

才知道怎麼相處。

德國的某個地區有種古老習俗，可以測試訂婚後的男女是否適合共同生活。在舉行結婚儀式前，新郎和新娘被帶到一片空地，那兒橫放著一截樹幹，有人給他們遞上一把兩端都有把手的樹鋸，兩人就一齊用力把樹幹從中鋸成兩段。這項活動可測試出新人彼此的合作意願有多強，因為要兩人才能完成。如果他們的默契不足，就會亂鋸一通，無法完成任務。如果有一人想主導一切，什麼事都自己來，那麼即使另外一方放手，他也要花上兩倍的力氣才能完成。關鍵在於雙方都要用力，並協調彼此的動作。這些德國村民早就發現，合作是婚姻的基本和先決條件。

我也有一套愛情和婚姻的定義，雖然還不是很完備：

在愛情以及其成果（婚姻）中，我們對伴侶付出最親密的情感；在身體吸引力以及心靈契合的影響下，兩人決定養育後代。顯而易見，愛情和婚姻是一種合作形式，不僅是為了兩個人的福祉，而且也是為了全人類的福祉。

「愛情與婚姻是為了全人類福祉而形成的合作關係」，透過這一觀點，我們才更容易理解這個議題的各個面向。就拿身體的吸引力來說，它不僅是人類最重要的生理衝動，更是人類發展的要件。我不時提到，人類的肉體有其限制，無法在這個小小的地球表面上長命百歲，要保存這個物種，主要方法還是繁衍後人。因此生育能力非常重要，而身體也會不斷散發吸引力。

在今天的時代，很多困擾和糾紛都是愛情問題引起的。夫妻相處上要磨合、父母煩惱孩子談戀愛……整個社會都關心這個議題。想要找出正確的結論，就必須秉持公正、沒有偏私的態度。我們得先忘記學過的東西，不要有其他的顧慮，盡情地去研究問題，並進行完整而自由的討論。

不過，愛情和婚姻不是獨立的領域，必須考慮許多因素才能做出判斷。在人生的道路上，沒有完全的自由，光憑著個人的想法是不能解決問題的。每一個人都受制於各種條件，只能在既定的框架下發展，他的各種決定也得配合環境。

人受三大紐帶所約束，這是無法否認的事實。每個人都生活在宇宙中這個特殊的星球上，環境條件限制了我們的發展與可能性。我們和同類生活在一起，必須學會適應彼此。此外，人類有兩種性別，未來的存續則取決於男女的相處關係。

可想而知，如果個體在意身邊的人和全人類的福祉，他的所作所為就會顧及眾人的利益，在面對愛情和婚姻問題時，就不會傷及他人。不過，他並不一定意識到自己正在以這種方式處理問題。若有人問他的行動目的，他應該無法用科學的語言表述清楚。但他就是會自發地追求人類的福祉和進步；這種關懷在他的言行中都可看出來。

總有一些人不太關心人類的福祉，他們很少去想「我可以為夥伴做些什麼」、「如何才能融入社會大眾」。這不是他們的核心人生觀，他們只會問：「好好生活有什麼用？我能得到什麼？眾人給了我什麼好處？其他人考慮過我的利益了嗎？我得到應有的讚賞了嗎？」他的生活態度包含這樣的想法，並以同樣的方式去解決戀愛和婚姻的問題。所以總是會問：「對方能給我什麼好處？」

愛情是兩個人的事，有些能力最好從小開始學習

某些心理學家認為，愛情是出於自然而然的反應，但我不這麼看。性行為確實是一種衝動和本能，然而愛情和婚姻的問題不能簡化成「如何去滿足這種衝動」。大家都應該明白，人類的衝動和本能早已在教化下而變得文明、優雅。為了身邊的人，我們會壓抑某些欲望和傾向，並避免侵犯他人。我們也學會打理自己、保持整潔；肚子餓的時候也不會狼吞虎嚥，因為自小已培養出高雅的品味和用餐禮儀。我們努力調整自己的生理衝動，除了配合共同的文化、實現人類的福祉外，還讓自己得以適應社會生活。

從這個角度來看愛情和婚姻問題的話，就會發現它們涉及到對社會和全人類的興趣。這種興趣是首要的人生態度，唯有想到人類的存在與福祉都是牽一髮而動全身，才能解決問題。否則，再怎麼討論愛情和婚姻的要點都沒有用，更別說要提出協調或改進

方案，或推出新的規定或制度。當然，我們一定得設法改進並找出更完善的解方，而它們之所以更好，是因為我們有全面考慮到這個事實：人類兩性共同生活在地球上，勢必得攜手合作。納入這些因素後，我們對愛情和婚姻的看法就會包含一些顛撲不破的真理。

採取這種思路後，我們對愛情問題的第一個新見解是：愛情是兩人的任務。對於很多人來說，這必定是全新的人生任務。在以往的教育訓練下，我們只會學獨立工作、團隊工作或在群眾裡工作，而兩人工作的經驗比較少。這種新局面並不容易面對，不過，只要兩個人多關心身邊的人，也就能對彼此感興趣。

為了圓滿解決兩人的合作問題，我們更應該關心對方甚於自己。這是愛情和婚姻成功的唯一基礎。由此可見，許多婚姻方面的看法與建議都搞錯了方向。唯有關心對方勝於自己，才會產生平等的關係。雙方都全心全意地付出，就不會有人感到地位低下、不如對方，於是真正的平等關係就出現了。

彼此都應努力讓對方活得自在、充實又有安全感。兩人都會感到自己很有價值，且彼此需要。由此可知，婚姻中最基本的保障與幸福，就是感到自己有價值且無可取代；以及感到伴侶需要自己，證明自己是個好幫手、好伴侶和好朋友。

在這個合作任務中，沒有人願意居於下位。如果有人總想管控對方，逼迫對方服從，這樣的話，兩人就無法幸福地生活在一起。在今天的社會風氣下，許多男人（其實也有不少女人）相信，男人就應該像獨裁者一樣統治家庭，全權掌控家中的事務。所以這世上才有這麼多不幸的婚姻。沒有人能毫無怨言、毫無反感地居於低三下四的地位。伴侶的地位應當平等，唯有如此，才能解決婚姻生活中的難題。

比方說，生養孩子的問題應達成共識；如果決定不生，就違背他們立下的誓言，無法為人類繁衍後代。教養問題也更需要達成共識，這樣才會主動地去解決孩子的難題。他們知道，父母婚姻不美滿會嚴重影響孩子各方面的發展。

這個時代已如此文明，但人們大多沒有準備要好好與人合作。我們的教育過度強調個人的成就；只想取得好處，而不是為眾人付出努力。可想而知，當兩個人得一同經營親密關係時，若合作上出問題、又難以充分關心對方，那婚姻生活就會困難重重。許多人都是有生以來第一次經歷這樣的親密關係，他們不習慣去瞭解另一個人的興趣、目標、喜好、願望和抱負。當這個雙人任務一出問題，就會手足無措，不知道該如何解決。雖然身邊有這麼多錯誤的案例，但不必驚慌；只要好好反思，就能從中學到教訓，在將來避免犯錯。

小時候沒有過訓練，長大後就無法解決生活中的危機。我們的反應都是由生活習性所養成的。要成為理想的伴侶，不是一朝一夕就能達成的。從孩子的個性、生活態度、思想和行為，就可以看出他如何培養未來所需的社會能力。因此，他對戀愛的基本態度在五、六歲時就已經定型了。

孩子對戀愛和婚姻的看法，從他早前的發展階段就能看出。當然，他們還沒有表現出成人會有的性衝動，只是對自己所屬的社會生活醞釀某種觀點。愛情和婚姻的主題常出現在他們的生活，也自然進入他們對未來的想像。他們對於此議題多少有些理解，對相關的問題也有自己的立場。

有些孩子在很小的時候就對異性特別有興趣，還能選出他們所喜歡的伴侶。這種態度沒有問題，也不是在搞怪或有性早熟的徵兆。我們不應該嘲笑、戲弄這些孩子，而是該加以肯定，這是為愛情和婚姻生活邁出的第一步。愛情是一項對全人類有益的非凡任務，應該提前做好準備。這樣便是在孩子心中種下理念，他長大後，就能在親密關係中當個樂於付出的好夥伴與好朋友。有個現象非常有啟發性：孩子都是自發性、衷心地擁護一夫一妻制，更重要的是，他們父母的婚姻不一定和諧幸福。

父母的相處模式會深深影響孩子的婚姻生活

除非要滿足孩子的求知欲，否則我不鼓勵父母太早向孩子解釋性關係和灌輸性知識。諸位應該能夠理解，孩子對婚姻問題的看法非常重要。如果他受到錯誤的引導，就會把婚姻看作是危險的事情，不想跟它扯上關係。依照我的經驗來看，孩子在四到六歲時就知道性關係，或有性早熟的跡象，往後就會害怕談戀愛。在他們看來，身體的吸引力很危險；等到再長大一點，接受性教育或有性經驗後，他們就不會再害怕了，也更加瞭解男女間的正常互動關係，不會再抱有錯誤的想像。

因此，若真正想要幫助孩子，絕不可對他們撒謊，也不要迴避他們的提問，而是要去理解這些問題背後的想法。除非他們主動發問，否則不需多加解釋，若有必要的話，也一定要確定他能理解我們的話。強迫他們吸收多餘的性知識，只會對他們造成傷害。我們應該培養孩子的獨立性，不管是性或各方面的生活議題，讓他們憑自己的努力去探索感興趣的知識。只要他們和父母彼此信任，就會向他們詢問相關資訊，也不會受到傷害。

許多家長都有迷思，認為孩子會誤入歧途，都是被朋友傳遞的假資訊所誘惑。但我可以保證，各方面都健康的孩子不會被這些訊息毒害。從同學那裡聽來的知識，他們不會全盤接受，而是從批判的角度去思考。他們對馬路消息有疑惑時，就會去問父母或哥哥姊姊。坦白說，這些孩子對訊息的處理方式，往往比大人更為敏銳、更有效。

我們對異性的身體吸引力在童年時代就開始培養。大人對我們的疼惜和關愛、周圍異性給我們的印象，都是我們培養身體吸引力的素材。母親、姊妹以及身邊的小女孩會給男孩留下許多印象；在往後生活中，最吸引他的對象，都與這些早年認識的女性相似。有時我們會受藝術作品所影響，進而接受那些理想的審美標準。

從廣義上來看，我們其實沒有真正的自由，只能憑著小時候接受的各種訓練做選擇。追求美感並非毫無意義，審美情感（Aesthetic Emotions）的基礎就在於「令人感到健康、有助於人類進化」。我們的各種機能與能力都是朝著這個方向形成的，沒有人可以迴避。美好的事物都有永恆的一面，且有利於全人類以及未來的發展。它們這麼有吸引力，而我們也希望孩子朝這個方向成長。

若夫妻的合作關係不夠緊密，男孩就常與跟母親發生衝突，而女孩與父親的關係也會有裂痕。他們會選擇和父母性格截然相反的人當伴侶。舉例來說，有些男孩常被母親打罵，性格懦弱又害怕被掌控，於是會覺得溫和親切的女性特別有魅力。因此，他最常犯的錯誤就是：他一心要尋找一個願意無條件順從他的伴侶。然而，雙方關係不對等的話，婚姻絕不可能幸福。有些男人想證明自己很強大，所以選了態度強勢的伴侶；他們就是喜歡有能力的人，而對方的各種挑戰更能證明他自己的力量有多強。有些男人跟母親的關係有嚴重裂痕，他們從小就不想培養跟愛情和婚姻有關的能力，異性的身體吸引力對他們也沒什麼作用。這方面的障礙有各種程度，最嚴重的話，他們會完全排斥異性，變成同性戀。

若父母的婚姻美滿，孩子就會更願意培養感情方面的能力。他們對於婚姻的最早印象來自於父母的相處模式。許多生活失敗的人都是來自婚姻破裂的家庭，經歷過不幸福的家庭生活。這種現象不足為奇。既然父母彼此都不能好好相處，就不可能教會孩子合作。要觀察某人是否為合適的結婚對象，就看他是否接受過良好的家庭教育，並觀察他對於父母和兄弟姊妹的態度。

最重要的是，要追溯他從何時培養對戀愛和婚姻的觀念。這一點必須慎重考量。再強調一次，人的觀念不全取決於他所處的環境，而是他對那些經歷的看法。關鍵還是在於他的人生觀。有些人從小在家裡過得很不快樂，所以他們更加努力去經營自己的家庭生活，也努力地學習當個好伴侶。不管他們的成長環境多麼艱辛，我們都不該隨便批評或者排擠他們。

在婚姻關係中，有些義務和責任絕不可退讓

有些人總是只以自己的所好為優先，那他們所培養的習性便對婚姻一點用也沒有。長期以來，他們習慣這種思路，只想到生活能帶來哪些愉悅和樂趣。他們只想過得輕鬆自在，從沒想到為伴侶創造愉快而豐富的生活。這種生活態度毫無助益，就跟「緣木求魚」沒兩樣。雖說不上有什麼罪過，但還是錯誤的生活方式。因此，在培養相處能力的過程中，絕不能一味地貪求安逸、迴避責任。

若伴侶一方老是在猶豫、遲疑，那戀愛關係便不能穩固。為了經營感情，雙方都做出終生不渝、堅如磐石以及無可更改的承諾，這種結合才是真愛和婚姻生活的典範。這些承諾包含諸多的責任：生養孩子、訓練他們合作的能力，全力把他們培養成人類社會中的好夥伴，並具有高度的平等意識和責任感。

幸福婚姻是培養下一代的首要條件，每個伴侶都應該意識到這一點。婚姻是一項具體的任務，當中有各種規則和道理，必須一一遵守；忽視其中一些規則，就等於是在打破活在世上的鐵律——合作。

有些人把婚姻當作實驗，為自己的義務設下五年的期限。他們不能瞭解何謂「為了愛付出一切」；給自己留了退路，就不可能全力以赴地去完成婚姻這項任務。生活中有許多嚴肅又必要的任務，絕不可以安排好「脫身之計」。既然開始談戀愛，就不可以有所保留。有些善良人士太過熱心，老是勸已婚者要放下一些責任。但他們的建議方向錯了，這些逃避的舉動只會破壞夫妻為家庭所做的一切努力。伴侶只想找到全身而退的出路，不再投入當初承諾要完成的任務。

我知道，生活中有許多難題，導致我們在解決戀愛和婚姻問題時走上歧路。我們都真心想要改善現況，但要擺脫的不是愛情和婚姻，而是生活環境裡的難題。在一段誠摯的伴侶關係中，必要的特徵包括：忠誠、坦率、值得信賴，毫無保留、不自私等。諸位可以理解，若有人整天都在懷疑伴侶不忠誠，那他應該不適合去結婚。有些夫妻會同意讓彼此保留一點自由空間，我認為這不是真摯的夥伴關係。只要夫妻相愛，那麼無論在哪個領域，彼此都不該保有自由。為了維繫合作關係，我們必須主動約束自己。

這種網開一面的約定，既無助於實現幸福婚姻和人類的福祉，對夫妻雙方也會造成傷害。我透過以下這個案例來說明。

有對夫妻彼此先前都結過一次婚。他們的文化素養很好，頭腦也非常聰明。他們都希望這段新婚姻會比前一次更加幸福美滿。然而，他們都不知道自己的第一次婚姻為何失敗。其實，他們是因為社會興趣不足，所以才找不到改善婚姻問題的方法。

他們都自認是自由思想者，想建立一種不受約束的新式婚姻，如此一來，就能避免對彼此感到厭倦。他們約定好，雙方都享有絕對的自由，可以隨心所欲做任何事情。不過為了保持信任感，這些事都得一五一十地跟彼此交代。

丈夫比較有勇氣，只要一回到家，就會把今天跟其他男子約會的經歷講給妻子聽，而她看來也聽得很開心，並且為丈夫的「成功」感到驕傲。於是她蠢蠢欲動，也想找人調情或發展曖昧關係，可是在她付諸行動前，卻患了懼曠症。她精神緊繃又焦慮，不再敢獨自出門，只能待在家裡。只要走出家門一步，就會大受驚嚇，馬上躲回家。

事實上，太太這個症狀有其保護作用，能讓自己無法實現去約會的決定，不但如此，既然她無法單獨出門，丈夫只好被迫陪在她身邊。諸位可以看到，這段婚姻的本質被他們的約定破壞掉。此後，丈夫不再是個自由思想者，因為他必須守在妻子身邊，而她再也沒有行動的自由了，因為她害怕單獨出門。這位太太的病治好後，她一定會更加理解婚姻的意義，而她的丈夫也會知道婚姻是兩人的共同任務。

不正常的戀愛與婚姻觀念

有一些問題在婚後沒多久就出現了。從小被寵壞的孩子長大結婚後，常常感到自己被對方忽視，因為他沒有學過如何去適應社會生活。他婚後變成暴君，而另一方就會覺得自己是受害者，就像被關進牢籠一樣，於是開始反抗。兩個被寵壞的孩子長大後若結成夫妻，其相處模式應該非常有趣。彼此都要求對方關心自己、留意自己，但都不能得到滿足。他們只好尋求解決辦法，包括跟外面的人勾搭，以此來引起配偶的關注。有的人無法只愛一個人，必須同時跟兩個人戀愛，這樣才有自由的感覺。他可以在兩個人之間遊走，永遠不用承擔戀愛的責任。事實上，他到頭來一個也得不到。

還有一類人喜歡想像浪漫、夢幻而又無法企及的愛情故事。他們沉溺在這種幻想裡面，而不在現實中尋覓伴侶。對愛情期待太高的話，感情生活就不可能有任何進展，因為沒有人符合那些標準。有很多男人（其實也有不少女性）在成長過程中出了一些差錯，於是刻意去討厭自己的性別角色，甚至完全放棄。他們壓抑自己的生理機能，若沒有接受治療的話，他們就無法享有完整的婚姻生活。這種現象我稱作「男性欽羨」；在當前的文化下，男人的地位被過度高估，便引發這種心態。

孩子若懷疑自己的性別角色，就很容易產生不安全感。無論是男孩或女孩，只要他認為，男性本然就應該佔據支配地位，就會忍不住要羨慕男性的角色。他們會懷疑自己是否有資格當男人，並誇大陽剛之氣的重要性，更會避免有人來考驗他們的男性雄風。

在當前的文化中，不少人都對自己的性別角色有所不滿。同樣地我也懷疑，婦女的性冷感以及男人的性功能障礙問題，都跟抗拒愛情和婚姻有關。唯有具體獲得男女平等的感覺，夫妻的性生活才會順利。只要世上另一半性別的人對自己的性別地位有所不滿，那婚姻成功的機率就會難上加難。解決之道就是多多推廣男女平等的思想，讓孩子更加清楚自己未來的性別角色，不再感到迷惘。

我相信，婚前避免發生性關係，就能確保伴侶在婚後全心全意地付出一切。多數男人其實不喜歡心上人在婚前獻上自己的身體，認為她們太放蕩，甚至感到驚懼。更重要的是，在當前的文化下，婚前發生親密關係後，女方所承擔的精神壓力比較大。結婚若是出於恐懼而不是勇氣，婚後一定會出問題。勇氣是合作必要的條件，假如人們選擇伴侶時是出於恐懼，就表明他們不是真心想與對方合作。如果他們選了酒鬼，或社會地位和教育程度遠不如自己的人，結果也不會多好。他們害怕愛情和婚姻，所以想營造一種氛圍，讓伴侶始終尊敬自己。

對婚姻有助益的因素

友誼是培養社會興趣的好途徑。透過友情，我們學會用對方的眼睛去觀看、用他的耳朵去聆聽、用他的心靈去感受世界。有些孩子挫折感很深，身旁又沒有同伴和朋友，因此很難與他人有所共鳴。他總覺得自己是這世上最重要的人，總想著要維護自己的利益。然而，朋友間的相處與磨練，對將來的婚姻生活很有幫助。玩遊戲對孩子的好處很多，可以培養他們的合作精神。不過，有些孩子把遊戲當作競賽，只想勝過別人。我們應該營造適當的情境，讓兩個孩子一起做事、一起研究、一起學習。

舞蹈的價值尤其不能低估。在這種活動中，兩個人得共同完成任務，所以它是非常好的訓練方式。但我說的不是時下常見的舞蹈表演，那不是兩人任務。我們應該設計簡單易學的舞蹈，這對他們的成長發育很有幫助。

另一個有助於婚前培訓的事情是職業，在今天，職業問題比愛情和婚姻的問題更重要。夫妻至少有一人得去上班，這樣才能養活自己，並支撐起一個家庭。由此我們就能理解，要成為理想的伴侶，就要好好找份工作。

在交往過程中，我們可看出一個人的勇氣與合作能力。每個人都有一套追求異性的方式，當中牽涉到他的個性和氣質，而這都源自於他的生活習性。從他談戀愛的態度，可以看出他對於人類的未來是否樂觀，以及他本人是否充滿自信和合作精神。有些人只對個人的事情感興趣，與人約會時老是怯場，總是在煩惱「這齣戲該怎麼演？對方會怎麼看我」。

有些人在追求對象時態度穩重而謹慎，但有些人就是粗心大意、急急忙忙，不管怎麼說，這些態度和他的生活目標以及習性密切相關，也是在展現他的生活習性。每個人追求對象的方式都不同，但都不足以用來判斷他是否適合結婚，因為這時他有一個既定的目標在眼前，搞不好他在別的事情上非常優柔寡斷。儘管如此，我們依舊可以從中得出一些可靠的線索來瞭解他的為人。

在當今獨有的文化條件下，人們都認為男人應該主動一點，向女方表達愛慕之意。只要這種文化標準還在，男孩子就一定得培養出陽剛氣質，包括做事主動、不扭扭捏捏，更不可逃避問題。然而，唯有男孩子體會到自己是社會的一份子，並勇於接受它的優缺點，這種訓練才會有效。

當然，女孩和女人也可以主動去追求對象，不過在當前所盛行的文化風氣下，女性都感到自己有義務保持矜持，對意中人的仰慕只能表現在外表、儀態、穿著、觀察、談話和傾聽的方式。可以說，男人的求愛方式簡單又淺顯，而女人的求愛方式較為內斂而複雜。

現在我們可以再談更深入的議題了。性吸引力當然是戀愛必要的元素，但是它應該有所修飾，以促進人類的福祉。伴侶若真心愛著彼此，性吸引力就不會枯竭；它之所以會消失，是因為有人不再關心對方。也就是說，當事人從伴侶身上感受不到平等、友情和合作的精神：他也不再願意去豐富對方的生活。肯定有人會反駁說，他分明還在意對方，但對方的性吸引力就是消失了。這種情況絕不可能出現。嘴上會說謊、內心會迷惘，但身體的反應絕對是誠實的。性生活出問題，就表示兩人之間不再有真正的共識，已失去對彼此的興趣。至少有一人沒心思去完成愛情和婚姻的任務，而只是想找機會逃避或遠走高飛。

與其他的物種相比，人類的性衝動還有一點不同：它具有連續性。這種特性有助於確保人類的福祉與繁衍不會中斷。人口持續增加、不斷膨脹，人類的生存和福祉才有堅實的基礎。而其他的物種有各自的生存與繁衍手段，比如說，很多雌性動物會產下數目龐大的卵，但有些會不見或被破壞，但總有一些卵能夠存活下來。

人類要存活下來，方法也是繁衍後代。在愛情和婚姻問題上，越主動關心人類的福祉，就越有機會生養孩子。相反地，有些人總是有意識或無意識地不關心他人，就不會想承擔生育的責任。他們總是跟人索討東西，但自己從不付出。他們不會喜歡孩子，因為他們只對自己感興趣。孩子只會干擾並打亂他們的生活，令他們難以維護自己的利益。因此，若想要圓滿解決愛情和婚姻問題，生養孩子是必要的條件。大家應該牢牢記住，撫養下一代最好的方法，就是打造出美滿的婚姻生活。

維繫婚姻的唯一要素就是不自私

在現實的社會生活中，解決愛情和婚姻問題的方法是一夫一妻制。在此制度下，我們得做出最親密的奉獻，真誠地關切伴侶的一切。一旦開啟這樣的關係，雙方就不可動搖它的基礎，也不可尋找脫身之法。當然，夫妻關係有可能破裂，可惜的是，我們不一定能避開這種風險。不過，只要把婚姻和愛情視為一項社會任務，全力去完成它，就可以避免婚姻關係有裂痕。

我們應該為此用上所有辦法。婚姻之所以破裂，通常是由於夫妻雙方都沒有盡全力去解決問題。他們沒有主動地經營婚姻，而是被動地坐等美滿家庭從天而降。以這樣的方式來面對問題，婚姻當然會失敗。

愛情和婚姻絕對不如天堂一般美好，婚姻也不是愛情的終點。兩人喜結連理時，就開啟了這段有各種可能性的關係。在婚姻中，兩人要面對具體的生活任務，為了社會而進行創造性活動。有些人認為，婚姻是愛情長跑的終點，是兩人交往的最終目的。這種觀點在當前文化中非常盛行。例如，在浩如煙海的小說中，男女主角終成眷屬，故事就結束了；實際上，他們共同的生活才剛剛開始。就小說家創造的情節來看，彷彿只要一結婚，任務就圓滿達成，所有問題就迎刃而解。

其次，還有一個觀點要再強調：愛情不能解決一切問題。愛情有很多層面，因此要解決婚姻問題，最好的辦法是好好經營工作、興趣和合作關係。

在婚姻關係中，沒有什麼神奇的力量能維繫一切。每個人對待婚姻的態度都跟其生活習性有關，那也與他的人生目標相呼應。因此，瞭解對方的為人，才知道怎麼相處。由此可知，為何這麼多人都在試圖擺脫或逃離婚姻。我甚至可以精準地說出他們是那種人：全都是從小被寵壞、心態不夠成熟的大人。

這種人對社會的危害不小。被寵壞的孩子長大成人後，生活習性還是像四、五歲的小孩一樣，其統覺基模都沒變：「我可以全部都要嗎？」只要不能如願以償，他們就會覺得人生是黑白的。他們會問：「得不到想要的東西，活著有什麼意義？」他們的心態變得非常悲觀，於是憑空產生了想死的念頭。

他們把自己弄出病來，還罹患了精神官能症。他們從自己錯誤的生活習性中營造出一套哲學，把自己的錯誤觀念當成獨一無二、無可比擬的重要思想。在他們看來，世人充滿惡意，還要他們壓抑自己的衝動和情緒。他們習慣放縱自己，童年過得很快樂，凡事都能稱心如意。他們覺得，只要哭得夠久、吵得夠響、拒絕合作，就能得到想要的東西。他們從來不顧及生活的完整性，而只關心自己的利益。他們不願對他人有所貢獻，總想著要不勞而獲，任何要求都不會被拒絕。在他們理想中，婚姻是可以隨時喊停或反悔的，就如同所謂的「友伴式婚姻」(companionate marriage）或試婚，最好能輕鬆地離婚。婚後沒多久，他們就要求享有各種自由，包括外遇。

若你在乎自己的伴侶，那一言一行都會展現出你的心意。你會是真誠、善良的夥伴，富有責任感、值得信賴、保持忠誠。有些人無法實現美滿的婚姻生活，希望他們能明白，自己錯在過於自私。

結婚是非常崇高且要嚴肅面對的任務

同樣地，家長也一定要關心孩子的福祉。如果婚姻不是以我這套觀念為基礎，那養育孩子的過程一定會出現各種困難。有些父母老是在爭吵，把婚姻當成兒戲。他們不認為婚姻問題有辦法解決，也不相信關係能慢慢改善。在這種環境下，孩子就很難發展出完備的社交能力。

出於許多原因，有些夫妻的確無法一起生活，在這種情況下，離婚是更好的選擇。

但應該由誰來判定？總不能把決定權交給沒有受過良好教養的人；他們只關心自己的生活，也不知道婚姻是一項任務，對於離婚和結婚的態度都一樣：「這樣做對我有什麼好處？」顯然他們不應該有最終的決定權。難怪常常有人離婚又結、結婚又離，周而復始地重複同一種錯誤。那麼該由誰來決定夫妻的分合問題呢？或許婚姻出現問題時，可以由心理醫師來決定關係是否應該繼續下去。當然這個想法很難落實。

我不知道美國的情況如何，但歐洲的心理醫師普遍認為，個人的幸福是最重要的事情。通常來說，若有人前來詢問感情的問題，他們會建議當事人去找個小情人或愛人，這樣就能解決問題了。我確信，他們終究會改變這套觀念，不再給出這樣的建議。他們對這類問題沒有受過完整而確實的訓練，才會出此下策。感情問題跟這世上其他的生活任務緊密相關；我希望諸位能好好思考它們的整體關聯性。

還有一種人也犯了類似的錯誤，他把婚姻當作個人問題的最終解答。在此我又不能討論美國的具體情況，還是以歐洲為例。若男孩或女孩罹患精神官能症，心理醫師也會建議他們去找個情人，或開始體驗性生活。他們對成人的建議也大致如此。他們把愛情和婚姻當成特效藥，但我想患者在服用後一定會有嚴重的副作用。

透過正確的方法解決感情問題，我們才能成就自己最完整的人格。這個議題牽涉到人生的幸福，以及各種真實、有益的生命活動。婚姻不是可有可無的小事，更不能當作治療罪犯、酒鬼或精神官能症患者的處方。尤其是精神官能症的患者，他們在進入戀愛關係和結婚前必須接受正確的治療。如果他們沒有具備相關的能力就匆忙上陣，那生活一定會更加不幸而充滿危機。婚姻是如此崇高的理想，要完成這個任務，我們必須投入許多創造性的活動，還得背負額外的負擔。

有些人還會用婚姻來達成不恰當的目的。有些人結婚是為了經濟目的，有些人是因為同情對方，還有人是因為想得到免費的佣人。但看待婚姻不可如此兒戲。我也看過不少已婚人士把人生的失敗歸咎到婚姻上。有些人在學業或事業上遇到困難，覺得自己一事無成，於是想給自己找個藉口。所以他們的感情與婚姻問題多了一層意義：失敗時的不在場證明。

我再強調一次，絕不可輕視或貶低感情問題，而是要當作重大的人生議題。在我聽說過的離婚案件中，蒙受委屈和損失的總是女性。毫無疑問，在我們的文化中，男人已經享盡各種好處。這是社會全體犯下的錯誤，光是一個人反抗，也無法改變現狀。尤其在婚姻事務上，個人的反抗行為只會破壞社會安寧和伴侶的權益。找出關鍵點，從整體上改變去改變文化風氣，才有可能解決這些難題。

我的學生、底特律的拉塞教授做過一項研究，他發現受訪女孩中有百分之四十二希望自己是男孩。這個結果顯示，她們對自己的性別角色非常失望。試想，地球上應該有一半的人類對生活失望、沒有信心，對自己的身分缺乏認同感，更不滿另一半的人比自己更自由。在這樣的前提下，我們能輕易解決愛情和婚姻方面的問題嗎？更不要說許多女性覺得自己很卑賤，只是男人的性對象。她們還相信，男人天生就嚮往一夫多妻制、就是花心。因為有這些錯誤的觀念，愛情和婚姻問題才難以解決。

綜合以上所說的一切，我們可以得出一個簡單明瞭又很有助益的結論：一夫多妻或一夫一妻跟人類的天性無關。重要的是，我們生活在這個星球上，與許多地位平等的人產生連結。而且人類有男女兩種性別，我們必須以恰當的方式來解決環境留給我們的人生三大問題。這些事實讓我們認清一個道理：若想在愛情和婚姻當中變成完整而高度成熟的人，那一夫一妻制就是最好的選擇。

譯後記：愛他人才是愛我們自己

一九一九年，一代心理學宗師榮格因為與老師佛洛伊德的學術分歧而辭去了國際精神分析協會主席的職務，並退出了國際精神分析協會。這個消息對於佛洛伊德有如晴天霹靂，多年以來他與榮格相知相得、恩同父子，他曾經不無驕傲地自比摩西，把稟賦卓越、才氣縱橫的榮格比成約書亞，確信榮格就是未來精神分析事業當仁不讓的接班人。如今發生這種變故，怎不令這位現代心理學的鼻祖肝腸寸斷、萬念俱灰？

與親密戰友的決裂，在佛洛伊德的一生中不只這一次。一九一一年，佛洛伊德最早的一位高足與追隨者，即本書作者阿德勒離開精神分析的學術陣營，自立門戶創建了個體心理學派。阿德勒叛出師門的舉動對於佛洛伊德不啻於一場滅頂之災，是他一生中所遭受的最沉重打擊。因為與榮格相比，阿德勒跟佛洛伊德的年齡更為接近，而且兩個人都是在維也納成長並接受教育的猶太人，甚至他們所就讀的大學和主修都是一樣的——維也納大學醫學系。更重要的是，原本受惠於佛洛伊德精神分析治療學說的阿德勒完全否定了老師的性學理論和主張，個體心理學另闢蹊徑，走的是面向社會共同體、努力爭取合作共贏的路向。個體心理學從誕生之日起就與精神分析學說劍拔弩張、勢不兩立。在現代心理學史上，這兩個主要學派不共戴天的仇恨到了二十一世紀的今天都難以化解。

一八七〇年阿德勒生於維也納的近郊，父親是一名穀物商人，母親是家庭主婦。家中兄弟姊妹共七人，阿德勒排行第三，上面還有一個哥哥和一個姊姊。阿德勒自小體弱多病，佝僂症一度嚴重妨礙了他的身體活動，聲帶的輕度痙攣造成了他長期的自卑感，四歲時一場肺炎使他與死神擦肩而過，於是下定決心要成為一名醫生。十八歲那年他如願以償地進入維也納大學醫學系，七年後獲得醫學博士學位。實習期間阿德勒師從著名的內科醫生赫爾曼·諾特納格爾，後者有一句話差不多像口頭禪一樣經常掛在嘴邊：「想成為一名好醫生，首先必須做一個仁人君子。」阿德勒自然是牢記在心。

實習結束，阿德勒很快獲得了政府頒發的醫師執照，他在維也納開了一家私人診所，他不忘恩師諾特納格爾的教導，對病人沒有架子、意態平和，能用日常語言說清楚的問題，絕不故作高深賣弄學問或使用專業術語。碰到疑難雜症，他絕不輕言放棄。為了治好病人，他常常越過醫學領域，到精神病學、心理學，甚至到哲學以及其他諸多社會學科領域去求解。這樣一來，他的診所生意興隆是理所當然之事。

阿德勒在心理學領域不斷探索，很自然地，他開始關注精神病理學的權威佛洛伊德；佛氏的夢境學說尤其令他興趣濃厚。憑著豐富的醫學實務經驗和超凡的領悟能力，他很快就成為出色的精神分析學者，同時獲得佛洛伊德的垂青。兩位心理學界的巨匠惺惺相惜，開始頻繁對話和密切合作，一九〇二年，佛洛伊德盛情邀請阿德勒參與籌建極負盛名的「星期三心理學討論會」(Psychologische Mittwoch-Gesellschaft)。然而到了一九一〇年，這種親密的關係漸漸地蒙上陰影，兩人的學術分歧越來越大，不久後彼此間的矛盾就發展到不可調和的程度。到了第二年，出現了前文所交代的分道揚鑣那一幕。

阿德勒與佛洛伊德的學說分歧，是一個非常敏感但又迴避不了的話題，近百年來學者們討論極多，我們從哲學的角度選了三個最重要的區別綜述如下。

首先，從方法論角度說，佛洛伊德的精神分析採取的是「因果論」思路，而阿德勒走的是「目的論」的路線。我們舉一個例子，比如說有個淘氣任性的男孩，不停地擾亂課堂秩序。作為「因果論」主張者的佛洛伊德就會問：「這孩子擾亂課堂秩序的原因是什麼？」他認為，這個原因深藏在孩子童年的經歷裡。童年生活的絕大部分回憶都難以保存，都被壓縮到潛意識中；而病態行為或超常規的過激行為，都是被壓抑得最嚴重的回憶在發揮作用。因此，只要能夠找到這部分記憶的源頭（比如透過催眠），找到病症所在，那些怪異的行為就會自動消失。一句話，佛洛伊德是從患者的過去經歷中尋找答案。

而這個孩子如果到阿德勒博士那裡就診，阿德勒便會思考：「他這麼樂此不疲地騷擾別人，他圖的是什麼？」很顯然，阿德勒的目光是朝向尚未發生、但可以預見、而且是患者極其樂見的未來。在本書中，阿德勒開宗明義向讀者指出：人類從來都是生活在一個有意義的場域中，沒有絕對客觀、不被主體所賦予意義的事物存在。因此，每個人都會形成各自的生活意義，他所有的行為都立足於這種意義而向外延伸出去，並在它的引導下從事各種活動，力求實現這個意義。要想改變某人的行為，首先要認識到他的生活習性是什麼，然後有的放矢地對他進行教育，讓他認識到自己生活習性的錯誤。若非如此，所有措施都是徒勞無功的。

眾所周知，性學是精神分析學說的根基；所謂的「伊底帕斯情結」概念天下皆知。佛洛伊德把一切精神活動全都歸結於「性本能」這個抽象而現成的原因，阿德勒認為，如此推論太過於獨斷而魯莽。他在第六章〈家庭的影響〉中，從獨特的視角對「伊底帕斯情結」做出了相當有說服力的批駁。在他看來，人的行為動機在於他對生活意義的理解，而其中追尋優越感、勝過他人的心理動機起到了關鍵性的作用。在這個宏觀的基礎上，他對於在生理缺陷者、弱勢族群中蔓延極廣的自卑感，做出了令人信服的分析和闡釋（參看第三章），而對於如何克服自卑感，他也提出了有效的方案。

前文已述，阿德勒出身於社會底層的猶太人之家，從小患有疾病，又有一個品學兼優的哥哥在他面前。他在書中拿自己舉例，有力地駁斥了遺傳決定論和環境決定論（第七章）。須知阿德勒的現身說法絕不是孤證，人類歷史上多少偉大的天才和英雄，都有某種嚴重影響他們事業的生理缺陷，如畫家梵谷視力不佳，音樂家貝多芬雙耳失聰，古希臘演說家狄摩西尼幼時嗓音嘶啞，甚至還有口吃的毛病……讀者在閱讀諸如此類的論述時，將會不由自主地備受鼓舞、信心大增。

第二方面在於對人的理解：是把人當作獨立、與他人和整體無關的個體，還是看作群體中須臾不可分離的一分子。

眾所周知，佛洛伊德學說的核心概念是無意識和性心理，一切精神活動都脫離不了性壓抑和性衝動的綜合作用。他的理論架構和治療實務無論怎樣錯綜複雜、變化多端，說到底都沒有超出有限的主體內心世界，豐富浩大的外部世界從來不是他所關注的領域。要注意西方思想發展史上一個非常明顯的特徵：從笛卡爾時代開始，歐洲的哲學思想就偏離到強調個人主體性的論調。幾百年來，這種主體獨尊、個人優先之風愈演愈烈，對群體的強調簡直就是舊時代的殘餘，是理應被唾棄和討伐的對象。不用說，佛洛伊德秉承了這股時代之風，他的學說在短暫地遭到世人抵制後，迅速在西方世界擄獲大批的擁護者。

但阿德勒偏偏要逆潮流而動，甘冒天下之大不韙，旗幟鮮明地把群體福祉樹立在個人利益之先。華文讀者看到「個體心理學」這個說法會產生一種誤解，彷彿這門學派也是主張個人優先。

其實不然，在德語中，「個體」（individuum）這個詞直接借用了拉丁文，它的字面意思是「不可分割」。讀者很容易想到希臘語單詞「原子」（atom），它的意思也是「不可再分」。不過「原子」的意思是，自身已經是最基本的粒子單位，無法再做進一步的剖分；而在最權威的德語詞典的字義解釋中，明載著「個體」的意思是「無法將該個體所隸屬的整體，以及他本人在整體中的規定性分割開來」。因此這個詞不是中性的概念，而是包含價值意義的概念。特別是從這個詞衍生出來的「個體主義」（Individualismus）更是主張：人面對自己所歸屬的群體，必須表現出應有的隱忍、高度尊重，並嚴格遵守群體內部共同認可的規則和要求，自覺地盡好自己的義務和職分。當然在個人主義、主觀主義極猖的二十世紀，德語世界也有人悍然把這個概念歪曲成迎合時代潮流的原子化、碎片化的存在。

阿德勒從整體的角度來理解個人。在一個群體中，個人與個人的關係就好像一棵大樹上樹葉與樹葉的關係，它們共同吸取大樹所提供的營養，也共同接收燦爛的陽光和新鮮的空氣，再回頭提供給大樹；大樹成全了樹葉，樹葉也扶持了大樹的生命。個體與群體也正是這種互相成全的關係，缺了誰另一方都不可能單獨存在。在本書第十二章，作者旗幟鮮明地提出「對同伴的興趣，標誌著人類這個物種所取得的全部進步」、「合作是作為最終目標的人為努力」、「人和人之間不應當互相爭鬥、互相苛責、互相貶低」。阿德勒又進一步指出，人之所以得精神病，就是因為沒有能力與他人結成團體。更根本地說，就是對共同體完全不瞭解，對別人完全沒有興趣，他心心念念想的只有自己。

拋開那些腦組織受到嚴重損傷的病人不論，我們在生活中可以發現，絕大多數有精神疾患的人，確實存在阿德勒所說的這個問題：他們過度自戀，自尊心大到病態，抗拒與他人合作，亦不能好好與他人溝通。阿德勒又向學校和教育當局苦口婆心地呼籲：教育孩子尊重他人、學會合作，是教育任務的重中之重。當時的學校一味地強調要無限度開發孩子的競爭力，並施以魔鬼式訓練，「這對於孩子來說不啻於一場災難」（本書第七章）。

不得不承認，對於當今的中國教育界來說，一百年前阿德勒的這個洞見，極富遠見和指導意義，有識之士也做出強烈的回應。北京大學教育學教授渠敬東發表過一番振聾發聵的講話，與阿德勒所宣導的集體指向精神異曲同工，也值得我們每一個人深思：

> 一個人真正的成功，在於他能夠與世界和解，能夠在前輩和後代之間擴展出連續的生命，而不是在每一次的競爭中「贏」得只剩下了孤家寡人，只剩下疲憊的身體和殘破的心靈。

第三，精神分析與個體心理學這兩大學說的歸宿完全不同。佛洛伊德的發現在全世界引起石破天驚的震動，正如他在《夢的分析》的扉頁上引用維吉爾的詩句：「攪動了冥河之水。」依照精神分析之所見，人的所有活動以及本身的趣向，全都被非理性的欲望和衝動所支配，後者在人的體內任性地縱橫馳騁，難以控制。不少學者已發現：佛洛伊德門下的精神分析學派並不熱衷於解開性心理的神祕面紗，將其公之於眾，而是一意強調，性的祕密人類無法洞悉，更難以控制。

無限放縱性欲，當然是不體面的行為，而且性欲又是無法洞悉、無法控制的。那麼，人性必然陰暗醜惡且無法預測，不能避免就是應有之理。在他的晚期著作《自我與本我》裡，佛洛伊德把自我比作馭手，把無意識比喻成桀驁不馴的烈馬，他說道：「騎者不願與馬分開，他往往沒有辦法左右馬的前進方向。同理，自我也不得不把本我的意志付諸實現，好像本我的意志就是自我的意志一樣。」人性之惡難以預測，後來奧地利作家穆齊爾（Robert Musil）更是悲觀地把歐洲的歷史發展比喻成「騎在公牛背上的歐洲」。

佛洛伊德的這個結論固然使人難以接受，但是就事實而言他沒有說錯。兩次世界大戰，西方列強「寡廉鮮恥、利己殺人」（嚴復語），各國窮凶極惡的嘴臉一再刷新人們的想像極限。一九三三年五月，納粹當局宣布焚毀佛洛伊德的所有著作，佛氏知悉後還不忘幽默地說：「你看人類的歷史發展有多進步！要是在中世紀，他們會把我燒死，在今天他們只燒掉我的書就滿足了。」佛洛伊德在一九三九年去世，他哪知道僅僅幾年後，瘋狂的納粹黨徒就在華格納的音樂聲中，用焚屍爐冷靜又高效率地殺死無辜的猶太人！

阿德勒與佛洛伊德決裂後不久，便關閉了診所，專心在精神病的治療研究上。一九一五年他應徵入伍，加入奧匈帝國的陸軍。這段時期他能夠更加發揮自己的專業知識，建構個體心理學的理論。依照他的心理學理念，他提出：「醫師不應只滿足於治療現有精神疾病，還要有效地預防精神病。」應該說，這個思想與中醫裡「不治已病治未病」的主張殊途同歸、不謀而合；阿德勒不愧為醫學界的仁者和高手。

戰爭結束之後，阿德勒熱心於青少年問題的防範和解決，積極參與學校教育改革，幫助新誕生的共和國努力革除以往奧地利學校教育中的諸多弊政。熟悉德語文學的朋友都知道，在十九至二十世紀，奧地利的教育體系充滿普魯士軍國主義的色彩，完全無視受教者的個體差異和心靈需求，因而摧殘青少年的身心健康。著名的校園小說，如赫爾曼・赫塞的《在輪下》、穆齊爾的《學生托爾雷斯的困惑》、里爾克的《體操課》，都是對這種慘無人道的教育模式的血淚控訴。

除了積極參加各種社會活動，阿德勒還不辭勞苦地在歐洲各地演講。在他的多方努力和治療實務影響下，個體心理學贏得的追隨者越來越多。可惜到了一九三四年，狂熱的納粹黨徒策動維也納叛亂，阿德勒苦心設計和運行的學校改革方案，以及相關的配套計畫全都付諸東流，他的諮詢中心也被當局勒令關閉。阿德勒只好在三〇年代攜家帶眷移民美國。為了幫助更多的人，他以五十多歲的高齡苦學英語，夜以繼日，不知疲勞地忘我工作。一九三七年的春天，他再次回到他難捨難離的歐洲故鄉，準備展開巡迴演講。五月二十八日於蘇格蘭的亞伯丁，他在前往演講的途中，突發心肌梗塞，病逝在救護車上，終年六十七歲。

如果我們還是拿一棵樹作比佛洛伊德、阿德勒這一對現代心理學的雙子星，前者就像挺進地底黑暗深處的樹根，艱難地摸索；後者就像高高伸展向浩瀚天宇的樹枝，給我們打開一幅幅布滿陽光、和諧與溫馨的畫面。其實精神分析說與個體心理學並非水火不相容的宿敵，阿德勒從佛洛伊德那裡有繼承、有揚棄、有開拓，也有發展，佛洛伊德對他的啟發和影響是終生的。我們把他們的學說結合起來探索人性和世界，將會起到珠聯璧合、相得益彰的絕佳效果。

本書的原文標題是《生命對你有什麼意義》（*What Life should Mean to You*），在一九三〇年代就被引進中國，於八〇年代再次在漢語世界掀起大規模的翻譯風潮，並引起廣泛的轟動。這期間出現過很多譯本，出版社都不約而同地採用了《自卑與超越》這個書名。這個改動並非沒有道理：表面上，它是一本介紹個體心理學的專業書籍，但內容貫穿了阿德勒的心靈成長過程。他用最通俗不過的語言，將自己的人生哲學與見解從容不迫地娓娓道來。這些哲學命題包括：對文明世界的總體理解、人的一生應當怎樣度過、不同個體間應該怎樣相處等。

感謝作家榜經典文庫的杜雯君先生、裴洪正先生、趙如冰女士，在上海工作的心理學專家、精神分析師宋靜女士為本書所涉及的相關專業知識做了專門的指導和修訂，在此一併致謝。

吳勇立

二〇一九年十一月三十日

作者年表

一八七〇年出生

二月七日出生於維也納的近郊魯道夫斯海姆（Rudolfsheim）。父親李奧波德（Leopold,1835-1922），母親寶麗娜（Pauline, 1845-1906），娘家姓貝爾（Beer）。

一八八〇至一八八八年　十至十八歲

就讀於海爾納斯勒人文中學。

一八八八至一八九五年　十八至二十五歲

就讀於維也納大學醫學系。

加入奧地利大學生社團。

服役於匈牙利陸軍第一分部。

參與籌建大學生聯合會「自由聯盟」。

一八九五年　二十五歲

獲得維也納大學醫學博士學位。

一八九六年　二十六歲

服役於匈牙利陸軍第二分部，成為助理醫生總代表。

一八九七年　二十七歲

參加在莫斯科舉行的國際醫師大會。

在莫斯科與賴莎・愛潑斯坦（Raissa Epstein）成婚。

一八九八年　二十八歲

第一次獨立發表醫學論文《切割組織健康手冊》。

長女瓦倫汀（Valentine）出生。

當選為大學生聯合會「自由聯盟」主席。

一八九九年　二十九歲

在維也納開辦醫療診所。

一九〇一年　三十一歲

次女亞莉山卓拉（Alexandra）問世。

一九〇二年　三十二歲

接受佛洛伊德之邀參加他的「星期三圓桌會議」。

一九〇三年　三十三歲

加入「醫師團體」。

一九〇四年　三十四歲

改宗新教。

一九〇五年　三十五歲

兒子寇特（Kurt）問世。

一九〇六年　三十六歲

母親寶麗娜去世。

一九〇七年　三十七歲

《關於生理自卑感的研究》，第一版，柏林，維也納。

一九〇八年　三十八歲

參加在薩爾茨堡（Salzburg）舉行的第一屆佛洛伊德精神分析大會。

一九〇九年　三十九歲

三女兒柯內莉亞（Cornelia）問世。

一九一〇年　四十歲

參加在紐倫堡舉行的第二屆佛洛伊德心理學大會，共同籌建了國際精神分析協會。

與精神分析學家威廉・斯特克爾（Wilhelm Stekel）共同出版《精神分析中心報》。

獲得了奧地利公民權。

當選為維也納精神分析學會主席。

一九一一年　四十一歲

與佛洛伊德分道揚鑣，退出維也納精神分析學會。

在維也納建立了自由精神分析學會。

參加在布魯塞爾舉行的國際心理學與心理治療協會的第一屆大會。

一九一二年　四十二歲
參加在蘇黎世舉行的國際心理學與心理治療協會的第三屆大會。
《關於精神官能症性格》，第一版，威斯巴登。
自由精神分析學會更名為「個體心理學協會」。

一九一三年　四十三歲
參加在維也納舉行的國際心理學與心理治療協會的第四屆大會。

一九一四年　四十四歲
第一期《個體心理學期刊》。
《治癒與教育》，第一版，慕尼黑。

一九一五年　四十五歲
教職論文被維也納大學否決。

一九一六年　四十六歲
應徵入伍。
服役期間在波蘭的克拉考爾（Cracow）發表學術報告。

一九一七年　四十七歲
在克拉考爾服役，繼而轉往格林琴（Grinzing）戰地醫院。

一九一八年　四十八歲
在蘇黎世發表關於杜斯妥也夫斯基的學術報告。

一九一八至一九一九年　四十八至四十九歲
在維也納成立了第一個教育諮詢機構。

一九一九年　四十九歲
《另一面：關於民眾罪責的群眾心理學研究》，維也納。

一九二〇年　五十歲
《個體心理學的實踐與理論》，第一版，慕尼黑。

一九二〇至一九二三年　五十至五十三歲
成為「青少年之友」社團（維也納舍恩布隆恩自由學校）的教師。

一九二二年　五十二歲

參加在慕尼黑舉行的第一屆國際個體心理學大會。

一九二三年　五十三歲

參加在英國牛津舉行的心理學大會。

《國際個體心理學期刊》第一期出版。

一九二四年　五十四歲

獲准作為教職人員在維也納教育機構的夜校任教。

參加在薩爾茨堡舉行的國際個體心理學協會大會；在紐倫堡發表學術報告。

一九二五年　五十五歲

在日內瓦、巴黎、阿姆斯特丹、鹿特丹、海牙發表學術報告。

參加在柏林舉辦的第二屆國際個體心理學大會。

一九二六年　五十六歲

任美國哥倫比亞大學客座教授。

參加在杜塞爾多夫舉辦的第三屆國際個體心理學大會。
在德勒斯登、肯尼茲（Chemnitz）和慕尼黑發表學術報告。
參加在柏林舉辦的性心理學大會。
在法蘭克福和倫敦發表學術報告。
開始第一次美國之旅。

一九二七年　五十七歲

美國之旅（一至四月）。
參加在薩爾茨堡舉辦的個體心理學地方小組大會。
參加在維也納舉辦的第四屆國際個體心理學大會。
參加在瑞士洛迦諾（Locarno）舉辦的新教育社團大會。
《認識人性》，第一版，萊比錫。

一九二八年　五十八歲

第二次美國之旅（一至五月）。
在慕尼黑、柏林發表學術報告。
《個體心理學技巧第一卷：讀懂生活故事和疾病故事的技術》，第一版，慕尼黑。

一九二九年　五十九歲
在柏林的「萊辛高等學校」發表學術報告。
第三次美國之旅（一九二九年十月至一九三〇年四月）。
《學校裡的個體心理學》，第一版，萊比錫。
《精神官能症的問題：案例卷》，第一版，倫敦。
《生活的科學》，第一版，紐約。

一九三〇年　六十歲
在布拉格和布拉提斯拉瓦（Bratislava）發表學術報告。
參加在柏林舉行的第五屆國際個體心理學大會。
六十歲生日之際，獲得「維也納榮譽公民」的稱號。
《個體心理學的技巧第二卷：教育問題兒童的心靈》，第一版，紐約。

一九三一年　六十一歲
在倫敦、柏林、馬德堡和紐倫堡發表學術報告。
《自卑與超越》，第一版，倫敦。

一九三二年　六十二歲

在布列斯勞（Vratislav）、札格雷布（Zagreb）、馬里博爾（Maribor）、柏林、布爾諾（Brno）、卡托維茨（Kattowitz）、慕尼黑發表學術報告。

前往紐約工作，移居五年。

一九三三年　六十三歲

在荷蘭、芬蘭和愛沙尼亞發表學術報告。

《生命的意義》，第一版，維也納，萊比錫。

《宗教與個體心理學》，第一版，維也納，萊比錫。

一九三四年　六十四歲

自五月起先後在倫敦、劍橋、阿姆斯特丹、阿默斯福特（Amersfoort）、海牙、布蘇姆、多德萊西特、斯德哥爾摩、烏普薩拉（Uppsala）、布達佩斯、布拉格、布爾諾、蘇黎世、巴黎發表學術報告；返回紐約。

一九三五年　六十五歲

放棄維也納的住處，妻子和女兒亞莉山卓拉、兒子寇特移民至紐約。

四月起在倫敦、哥本哈根、斯德哥爾摩、維也納發表學術報告。

一九三六年　六十六歲

獲得紐約長島學院的教職。

五月起在倫敦、普利茅斯、卡地夫、埃克賽特、劍橋、牛津、利物浦、阿姆斯特丹發表學術報告。

一九三七年　六十七歲

四月起在巴黎、比利時、荷蘭、英格蘭發表學術報告。

五月二十八日病逝於亞伯丁。

知識叢書 1129

自卑與超越：陪你走過生命幽谷、啟發動能的阿德勒勇氣心理學

What Life Should Mean to You

作　者—阿爾弗雷德・阿德勒（Alfred Adler）
譯　者—吳勇立
責任編輯—許越智
責任企畫—張瑋之
封面設計—兒日設計
內文排版—張瑜卿
編輯總監—蘇清霖
董 事 長—趙政岷
出 版 者—時報文化出版企業股份有限公司
一〇八〇一九臺北市和平西路三段二四〇號四樓
發行專線／（〇二）二三〇六—六八四二
讀者服務專線／〇八〇〇—二三一—七〇五・（〇二）二三〇四—七一〇三
讀者服務傳真／（〇二）二三〇四—六八五八
郵撥／一九三四—四七二四時報文化出版公司
信箱／一〇八九九臺北華江橋郵局第九九信箱
時報悅讀網—www.readingtimes.com.tw
法律顧問—理律法律事務所　陳長文律師、李念祖律師
印　刷—紘億印刷有限公司
初版一刷—二〇二二年十一月
初版五刷—二〇二四年六月十七日
定　價—新台幣四二〇元

時報文化出版公司成立於一九七五年，並於一九九九年股票上櫃公開發行，於二〇〇八年脫離中時集團非屬旺中，以「尊重智慧與創意的文化事業」為信念。

自卑與超越：陪你走過生命幽谷、啟發動能的阿德勒勇氣心理學／阿爾弗雷德・阿德勒（Alfred Adler）著；吳勇立譯
--- 初版 --- 臺北市：時報文化出版企業股份有限公司，2022.11
面；14.8×21公分. ---（知識叢書）
譯自：What Life Should Mean to You
ISBN 978-626-335-980-2（平裝）
1.CST: 阿德勒（Adler, Alfred, 1870-1937）
2.CST: 學術思想　3.CST: 個體心理學
175.7　　111014969

作家榜经典文库®

ISBN 978-626-335-980-2　Printed in Taiwan